AF453997

RECUEIL DES CONSULTATIONS

ENDUES

...ltes très renommés de la Belgique,

IONS QUI RÉSULTENT D'UN PRETENDU

DE MARIAGE,

ENTRE

CHARLES DHONT,

Décédé le 31 Janvier 1798 ;

E T

ISABELLE CLAESMAN,

Predécédée le 25 Octobre 1768 ;

AU QUEL ON DONNE LA DATE DU 28 JUIN 1760 ;

SERVANT DE

REFUTATION

A l'imprimé publié de la part des héritiers *Dhont*, portant pour titre :

RECUEIL DES CONSULTATIONS, sur l'esprit et le sens du contrat de Mariage entre *Charles Dhont* et *Isabelle Claesman.*

Cet Ouvrage est précédé d'une introduction qui renferme un précis Historique des principales circonstances et événemens intéressans ayant rapport à cette cause importante ; à la suite de cette introduction se trouve une Réfutation particulière du mémoire à consulter et de l'avant-propos, placés en tête dudit imprimé.

Currendo invenit (a) *Sed restituenda reliquit.* (b)

TOME PREMIER.

(a) *Charles Dhont* en faisant annoblir et créer Chevalier le 19 Aout 1760 ; prit pour armes : du Gueules *au chien ravissant d'argent*, et pour devise : *currendo inveni.*

(b) Comme il est décidé par les délibérations des jurisconsultes qui forment l'objet de cet ouvrage.

A N   X I.

INTRODUCTION.

QUAND on se trouve cité par sa partie adverse, devant le tribunal du public, ne pas lui repondre, décélerait, de la part de la partie citée, un mepris pour ce juge respectable, ou au-moins une méfiance de la solidité de ses droits.

Les héritiers *Claesman*, trois fois provoqués devant ce tribunal par ceux de *Charles Dhont*, ne peuvent donc se dispenser de lui soumettre la décision d'une cause, qui depuis plus de quatre ans occupe les tribunaux.

Lorsqu'en l'an 7. les héritiers *Dhont*, firent circuler un mémoire anonyme dans l'intention d'étayer l'offre peu sincère de trois cent mille livres tournois, qu'ils avaient faite aux héritiers *Claesman*, en termes d'accomodement, ceux-ci y repondirent par une réfutation imprimée, où ils se flattent d'avoir victorieusement rencontrés tous les argumens que les héritiers *Dhont* croyent leur être les plus favorables.

Cette réfutation est néanmoins restée sans réplique de leur part; mais au commencement de l'an 10. lorsque pendant trois années de litige, ils avaient deployé devant le tribunal de Bruges tout ce que la chicane la plus rusée peut inventer pour lasser les héritiers *Claesman* par des délais, ils ont voulu colorer cette conduite odieuse aux yeux du public en publiant un second mémoire signé par les jurisconsultes *Wartel* et *Lefebvre*. Ce mémoire ne renfermant aucun principe nouveau, aucune objection qui n'eut déjà été rencontrée dans la réfutation imprimée en l'an 7., les héritiers *Claesman* ont cru ne pas devoir y repondre. Mais afin de terminer une bonne fois cette guerre de plume, et de mettre le public plus à même de juger de la justice des prétentions qu'ils forment à la succession d'*Isabelle Claesman* leur parente, ils avaient projetté de publier le recueil des consultations qui depuis sa mort ont été rendues en leur faveur par un grand nombre des meilleurs jurisconsultes de la Belgique.

Les héritiers *Dhont* ayant sçu découvrir ce projet, ont espéré de pouvoir en éluder l'exécution en le prevenant par la publication du recueil de leurs consultations; mais ils se sont trompés, les héritiers *Claesman* forts de la solidité et de l'équité de leurs pretentions, doivent en publiant dans cet ouvrage leurs consultations après celles de leurs partie adverse, se rejouir de ce que le public éclairé pourra mettre en balance les argumens et les motifs renfermés dans ces deux recueils.

Aussi est-ce avec une entiere confiance que les heriters *Claesman* laisseront décider leur cause par ce juge impartial, en attendant que les tribunaux mettent une fin à cette fameuse contestation par un jugement également équitable.

Mais afin que le public puisse mieux apprécier tous les merites de cette cause, il est necessaire qu'avant d'entrer en matière, on lui présente un précis historique des principales circonstances dont elle est environnée, et sur tout de la conduite que les héritiers *Dhont* ont tenuë pendant le cours de ce procès.

Isabëlle Claesman fille unique d'*Albert Claesman* (a) et d'*Isabelle-Josephe Trappequiers* (b) morte en curatelle pour cause d'aliénation d'esprit, naquit à Bruges le 17 Fevrier 1724 sa faiblesse d'esprit, sa conduite peu convenable à son état et sur tout les maneges employés pour l'isoler de sa famille sont de notoriété publique dans la ville de Bruges, de même que l'histoire de son Mariage avec *Charles Dhont.*

Ainsi, sans vouloir penétrer bien avant dans tout ce qui a precédé ce Mariage, on ne retracera ici que quelques circonstances de cet évenement que la plus part des habitans de Bruges connaissent, soit comme contemporains, soit par tradition; on dira, entre autres, qu'on a scu inspirer à *Isabelle Claesman* la crainte que son incapacité d'esprit, et sur tout sa conduite peu décente, allait lui attirer une curatelle de la part de sa famille; qu'*Isabelle Claesman* saisie d'une peur panique, a alors consulté *Charles Dhont* son receveur, et pour ainsi dire son unique confident, sur le moyen de prevenir ce malheur; que celui-ci, profitant de la circonstance, lui a conseillé de se marier, et que son administrée ne trouvant dans ce moment personne pour exécuter ce projet, *Charles Dhont*, fort de son ascendant sur elle, osa s'offrir lui-même pour l'exécution de cette entreprise, qu'*Isabelle Claesman* abandonneé dans cette crise à sa propre conduite a accepté cette offre avec empressement comme la seule planche qui put la sauver du naufrage: que *Charles Dhont* de son côté ne perdit pas un instant et que dès le 28 Juin 1760, il fit passer à son administreé à l'insçu de sa famille, un acte de fiançailles qui lui assura sa proie; qu'après cette assurance il ne se montra plus guère empressé de donner l'exécution aux fiançailles, puisqu'il différa, contre tout usage la celébration de ses noces, jusqu'au 14 Juillet suivant.

Voyez cette pièce pag. 76.

Si l'on joint à ces circonstances que la fiancée avait alors 36 ans, qu'elle ne pouvait inspirer d'inclination, ni par sa figure, ni par son esprit, ni par ses talens, et lorsqu'après cela l'on examine l'époque, la forme, et les stipulations du pretendu contrat de

---

(a) Fils de *François-Adrien Claesman* et de *Marie-Jacqueline de Crits.*

(b) Fille de *Jacques-Bernard Trappequiers* et d'*Anne-Félicité Neyts.*

Mariage, dont les heritiers *Dhont* veulent se servir pour exclure les parens d'*Isabelle Claesman* de sa succession, l'on ne peut plus douter que toute cette histoire, ne soit une intrigue d'intérêt tramée par un receveur et ses affidés, pour depouiller une famille en abusant de la foiblesse d'esprit d'une femme isolée, et sans conseil, qu'il tenait pour ainsi dire sous sa curatelle.

D'abord ce pretendu contrat de Mariage est passé on ne sait trop quand, la minute originale porte en chiffres la date du 28 Janvier 1760, mais le mot de Janvier y est effacé, et on a fabriqué et substitué celui de Juin, sans cependant que cette rature et changement y est approuvée par qui que ce soit; par ce moyen l'acte porte la même date que celui des fiançailles; il a dans sa redaction, toute la forme d'un acte sous seing privé, parce qu'on n'a fait que copier le projet du contrat redigé par le jurisconsulte *Verhoeven* qui présentait un acte sous seing privé, tel qu'on était alors d'usage de passer à Bruges. L'on voit qu'on a voulu donner en suite la forme d'un acte notarial à ce contrat, on ne sait pas trop pourquoi l'on a employé à cet effet la forme, alors inusitée dans ces pays, de deux notaires, et qu'on a négligé de requérir deux témoins, pour intervenir dans l'acte comme il est d'usage et requis dans les actes notariaux; on n'y voit en effet figurer que deux affidés de *Charles Dhont*, savoir son frère comme *assistant*, et *Charles Fourbisseur* son ami comme *présent*; tandis qu'*Isabelle Claesman* n'y est assistée de personne; du reste, en confrontant cette minute originale avec la pretendue expédition que les héritiers *Dhont* en présentent, l'on y rencontre plusieurs différences essentielles

De toutes ces circonstances, et autres, qu'on devoilera en tems et lieu, il resulte en faveur des héritiers *Claesman*, plusieurs moyens peremptoires pour faire annuler ce pretendu contrat antenuptiel, ce titre clandestin et odieux, auquel les héritiers *Dhont*, donnent encore une interprétation inique et arbitraire, afin d'engloutir une succession à laquelle la nature et la loi, appellent également les parens d'*Isabelle Claesman*; mais revenons aux circonstances:

Après une froide union de huit années, dont toute la ville de Bruges a été témoin, *Isabelle Claesman* décéda, sans génération, le 28 Octobre 1768, revetue de la civilité du franc de Bruges, *Charles Dhont* s'empara d'abord de son opulente succession, et pretendant d'être muni d'un contrat de Mariage, qui en cas de non enfant, assurait tout au survivant, il refusa la confection de l'état des biens de la mortuaire de son épouse, qu'une partie des hérities de celle-ci lui demandait.

L'affaire fut portée en justice, et malgré que *Charles Dhont* soutint d'être l'héritier unique et exclusif de son épouse, en vertu de son pretendu contrat de Mariage, le conseil de Flandres, par sa sentence du 3 Juin 1775, lui ordonna de confecter et de produire aux héritiers de sa femme, *un état pertinent des biens de la mortuaire*

Cette sentence fut confirmée par arrêt du grand conseil de Malines, du 7 Novembre 1778; et comme *Charles Dhont* avait insisté plus que jamais en instance d'appel, sur les droits qu'il exigeoit en vertu de son pretendu contrat, sur *tous* les biens de la succession de son épouse, *tant meubles qu'immeubles*, le grand conseil *le laissa entier de soutenir, qu'il ne devait renseigner dans l'état des biens exigé, que les* IMMEUBLES *delaissés par son épouse s'il croyoit avoir droit à ce soutenement*; *Charles Dhont* protesta de grande revision contre cet arrêt, mais reconnaissant enfin la justice de ce jugement, il n'osa jamais donner suite à sa protestation.

Les héritiers *Claesman* ont demontré dans leur réfutation imprimée en l'an 7., le préjugé du grand conseil, qui resulte en leur faveur de la clause inserée dans son arrêt.

L'exécution de ce jugement n'a jamais eu lieu, mais les héritiers des obtenans sont enfin resolu de le faire exécuter à charge des héritiers de *Charles Dhont*, et ils les ont déjà actionné à cet effet.

Quoique les deux jugemens, que l'on vient de citer, prouvaient suffisamment, que *Charles Dhont*, en supposant même la validité de son contrat de Mariage, n'était pas l'héritier unique et exclusif des *immeubles* delaissés par son épouse, il n'affecta pas moins d'être en droit d'en disposer arbitrairement, et durant toute sa vie, il ne cessa de trafiquer de ces biens par des échanges continuels, dans la persuasion, sans doute, qu'au moyen de cette ruse il pouvait rendre illusoire, la reserve que son épouse avait stipulée sur ces biens, en faveur de ces héritiers du sang.

C'est dans cette intention que *Charles Dhont*, après avoir ainsi échangé frauduleusement la presque totalité des biens delaissés par sa femme, mourut le 12 Pluviôse an 6, (31 Janvier 1798.)

Jean Dhont son frere, et *Isabelle Dhont* veuve de *Corneille Peers* sa sœur, se declarent d'abord ses héritiers *ex asse*, et s'emparent, à ce titre, de la masse des biens frauduleusement échangés par leur auteur contres les dépouilles d'*Isabelle Claesman*; les héritiers de celle-ci se montrent immediatement après, et annoncent qu'ils vont poursuivre leurs droits à la succession de leur parente; les héritiers *Dhont* feignent d'abord de vouloir entrer en accomodement avec eux; à cet effet ils leur font des offres qu'ils savaient ne pas être acceptables; néanmoins, ces offres dont la dernière étoit de TROIS CENT MILLE FRANCS, denotent assez que dès lors les héritiers *Dhont* avaient peu de confiance dans la justice de leur cause.

Les héritiers *Claesman* durent donc recourir à la voie de la justice ; différentes branches de ces héritiers reclamérent séparement par devant le tribunal civil de Bruges les biens delaissés par leur parente qui provenaient de chacune de ces branches. C'est ici que les héritiers *Dhont* commencent à devoiler leur plan odieux de defense, dont le seul but étoit d'éviter toute contestation au fond, afin de degouter leur partie adverse par des delais infinis. A cet effet ils accumulent d'abord dans les différentes causes qu'on leur intente plus de dix defauts, tant devant la justice de paix, que devant le tribunal civil ; ils gagnent, par ce moyen, plus de 6 mois de delai.

Se trouvant après cela forcés de repondre en justice, ils attaquent de nullité tous les exploits de citation par des moyens plus ou moins absurdes, ils poussent même leur ridicule chicane au point d'attaquer de nullité un de ces exploits parce que le nom d'un des citans appellé *Maelfeyt* y étoit écrit tan-tôt avec un A, tan-tôt avec un E, tan-tôt avec un I simple et tan-tôt avec un Y grec ; et quoique le tribunal d'appel fit droit de tous ces petits moyens vexatoires, en reformant à cet égard différens jugemens portés par le tribunal de Bruges, pas moins les héritiers *Dhont*, parvinrent toujours à leur but en gagnant encore par ce moyen plus d'une année de delai.

Ce moyen étant épuisé ils ont pris recours à un troisième plus seduisant, mais infiniment plus odieux ; c'est de feindre de vouloir transiger à chaque époque qu'un incident important allait être jugé afin d'en écarter la décision ; c'est ainsi qu'en Ventose an 9, ils ont negocié par la médiation du Citoyen *Charles Holvoet* ci-devant président du tribunal civil à Bruges un delai de deux mois avec le Citoyen *De Croeser*, en feignant de faire une offre raisonnable en termes de transaction ; mais, ce delai une fois obtenu, ils rompirent bien-tôt les conférences ; les héritiers *Dhont* tenterent de nouveau cette ruse, en Nivose an 10. lorsqu'un incident très important alloit être jugé au tribunal d'appel, mais craignant la juste méfiance que leur conduite precédente avait inspirée aux héritiers *Claesman*, ils s'y prirent d'une maniere encore plus astucieuse ; ils récoururent à la médiation d'un homme, qui par ses talens, et son intégrité, put faire renaître sa confiance chez les héritiers *Claesman* ; en effet le Citoyen *de Deurwaerder*, dans la persuasion, que pour cette fois les intentions des héritiers *Dhont*, étaient sincères, voulut bien se preter à cette négociation ; il fit en consequence des offres d'accomodement au Citoyen *De Croeser*; celui-ci accepta de bonne foi cette ouverture, engagé par la confiance que lui inspirait un médiateur aussi respectable. Des propositions furent faites de part et d'autre au point que le Citoyen *De Croeser* négociant pour les trois branches d'héritiers des chefs d'*Anne*, de *Christine* et de *Jean - Baptiste De Clits*, proposa pour *ultimatum* de réduire la somme de la transaction de QUARANTE MILLE à TRENTE - SEPT MILLE LIVRES DE GROS.

Ces différens pourparlers avaient duré jusqu'au 3 Pluviose an 10, trois jours avant l'audience où l'incident en question devait être jugé à Bruxelles, ce jour même 3 Pluviose (23 Janvier 1802. v. s.) au matin le Citoyen *Macaire Peers* vint en sa qualité de fondé de pouvoirs des héritiers *Dhont* trouver le Citoyen *De Croeser* dans sa maison, lui déclara au nom de ses principaux d'accepter l'*ultimatum* de TRENTE-SEPT MILLE LIVRES DE GROS, qu'il avait fait proposer par le Citoyen *De Deurwaerder*, lui fit en conséquence signer dès le lendemain un acte de consentement, *pour laisser biffer la cause du rôle du tribunal d'appel* et partit sur-le-champ pour Bruxelles avec cet acte et deux lettres du Citoyen *De Croeser* relatives à cet objet l'une pour l'homme de loi *Dumont* et l'autre pour le Citoyen *Eugene Goubau* se trouvant alors dans ladite ville, le Citoyen *Macaire Peers* vint trouver le Citoyen *Goubau*, dans son quartier dès les huit heures du matin, le jour même que les plaidoyers devaient avoir lieu, pour lui faire part de la transaction qu'il venait de conclure avec le Citoyen *De Croeser*, et lui communiqua la lettre en question, le priant d'aller trouver d'abord le principal avoué des héritiers *Claesman* pour faire stater les plaidoyers; le Citoyen *Goubau* prelut au Citoyen *Peers* la lettre du Citoyen *De Croeser*, où les principaux articles de la transaction étaient inserés. Lorsque le Citoyen *Peers* s'apperçut que la somme de TRENTE-SEPT MILLE LIVRES DE GROS était exprimée dans la lettre, il inrompit en disant. " Vous voyez, Monsieur, par cette somme » le grand sacrifice que ma mère et mon oncle viennent de fai- » re, pour avoir une fin, mais ma mère veut avoir la satis- » faction, de tout terminer avant sa mort.

Après ce discours et quelques complimens d'usage, le Citoyen *Goubau* se rendit avec ladite lettre au tribunal d'appel, où les avoués et les défenseurs des deux parties étaient déjà assemblés en attendant les juges pour commencer les plaidoyers, il y communiqua la nouvelle de la transaction, qui fit beaucoup de sensation, les juges entrérent à l'audience et les avoués des deux parties declarent au tribunal que leurs cliens ayant tran- sigé, *la cause était terminée;* qu'en conséquense ils demanderent quelle fut biffée du rôle conformément à l'acte de consentement qui en fut exhibé; le tribunal accorda cette demande et le tout fut acté au plumitif.

Cette transaction était ainsi conclue de bonne foi de la part du Citoyen *De Croeser*; elle était reconnue publiquement par les héritiers *Dhont*, qui en recéverent des complimens de toute part et il ne restait plus que d'en arrêter la redaction, que ceux-ci voulurent en avoir, à cet effet de nouvelles conférences furent ouvertes, mais les héritiers *Dhont* n'y employerent plus le Citoyen *De Deurwaerder*, ce fut le Citoyen *Jacques vande Walle*, un de leurs défenseurs qui y intervint comme négociateur.

Il y eut d'abord des pourparlers au sujet d'une purge d'héritiers *Claesman*, dont on voulut charger le Citoyen *De Croeser*, puis les héritiers *Dhont*, exigerent une garantie de la part des héritiers transigeant contre ceux des mêmes branches, qui n'avait pas été en cause, pour applanir le tout, le Citoyen *De Croeser* offrit une garantie complette à cet égard.

Alors les héritiers *Dhont* susciterent une nouvelle difficulté, ils pretendirent que la valeur des biens reclamés par les branches transigeantes, qui avait servi de base à la transaction, ne montait pas à la somme de *quarante mille livres de gros*; mais le Citoyen *De Croeser* leur ferma bien-tôt la bouche en exhibant un état où tous ces biens se trouvent exactement designés, d'un côté avec l'estimation que feu *Charles Dhont* en à fait faire lui même et de l'autre côté avec tous les prix de ventes qui en sont provenus; d'après cet état le prix de tous ces biens excéde de beaucoup la base de *quarante mille livres de gros*.

Les héritiers *Dhont* ainsi confondus mais n'osant pas faire voir encore que cette transaction n'était qu'un nouveau leure de leur part, firent entendre au Citoyen *De Croeser* qu'ils desiraient que *toutes* les branches des héritiers *Claesman* entrassent dans la même transaction, et offrirent à cet effet, une somme de *cinquante mille livres de gros*; par-là ils temoignerent assez qu'ils ne voulaient plus tenir l'accord conclu le 3 Nivose an 10., puisqu'il était impossible de croire, que tous les héritiers maternels et la quatrième branche paternelle eussent voulu accéder à cet accord pour la somme modique de *treize mille livres de gros*, en effet toutes les propositions faites sur ce point furent infructueuses et les trois branches comprises dans la transaction furent forcées d'en demander l'exécution en justice, en conséquence les héritiers *Dhont* furent cités au bureau de conciliation pour le 28 Thermidor an 10.

C'est à cette audience qu'ils levérent entierement le masque, ils eurent l'impudence de faire dire à la face du juge, par leur fondé de pouvoirs, *qu'ils n'avaient aucune connoissance de la transaction dont les trois branches d'héritiers* Claesman *demandaient l'exécution.*

Les héritiers *Claesman* se flattent de pouvoir en cette occasion confondre derechef leur partie adverse par devant le tribunal civil, comme ils l'ont fait dans le cours des negociations.

Telle est l'histoire exacte et sincère de la conduite qu'ont tenue les héritiers *Dhont* à l'égard de ceux d'*Isabelle Claesman* depuis la mort de *Charles Dhont* jusqu'a ce jour, on s'abstiendra de toute reflexion sur ce point ; c'est au lecteur impartial à apprécier cette conduite, et à tirer les inductions qui en resultent naturellement sous le raport de la cause dont le jugement lui est soumis

Avant de finir cette introduction l'on croit devoir encore observer au public : 1°. Que parmi les jurisconsultes dont les héritiers *Dhont* publient les avis, plusieurs ignorent absolument la langue flamande, et qu'en revanche il s'en trouvent qui n'ont jamais donné d'avis en français : les héritiers *Dhont* ont donc du soumettre aux premiers une traduction en flamand du pretendu contrat de Mariage de leur auteur, et traduire en français les consultations des derniers pour les faire figurer dans leur recueil.

Or dans leur réfutation publiée en l'an 7, les héritiers *Claesman* ont demontré l'infidelité commise par ceux de *Charles Dhont* dans la traduction du pretendu contrat de Mariage ; rien ne garantit donc la traduction qu'ils ont donné de plusieurs avis de leurs jurisconsultes.

Pour éviter tout soupçon sur ce point, il eût convenu que les héritiers *Dhont* eussent publié comme font les héritiers *Claesman* les textes originaux à côté des traductions.

2°. La deuxième remarque à faire c'est que non obstant que les principes et les motifs developpés dans les consultations que renferme le premier volume de cet ouvrage, contiennent une réfutation complette des argumens allegués dans les avis publiés par les héritiers *Dhont* il est néanmoins deux objections qui se trouvent dans ces avis et auxquelles il est nécessaire de donner ici provisoirement un mot de reponse, parce que les jurisconsultes flamands consultés par les héritiers *Claesman* n'ayant pu les deviner, n'y ont pu repondre.

La première objection resulte du dispositif de l'art. CXI de la coutume de Valenciennes citées dans les consultations du Citoyen *De Prez* de Douai, et dans celle de *Wartel* et *Lefevbre.* Mais quiconque voudra lire ce texte avec attention sera convaincu que cette objection est absolument insignifiante, en effet que dispose cette coutume, elle établit simplément, que si un donateur avait donné ses immeubles à un autre, *pour en faire sa volonté* sans declarer qu'il les donne pour le donataire et *ses héritiers*, les héritiers de ce donateur pourront exercer un droit de retour sur les biens donnés, dans le cas que le donataire n'en aurait pas disposé; comme le donateur avait, dans le cas de la coutume, non seulement donné la pleine propriété de ces immeubles, mais qu'il y avait ajouté que le donataire pouvait en faire sa volonté, il est évident, que de droit, les héritiers du donateur n'auraient pas pu reclamer ces biens après la mort du donataire, quand bien même celui-ci n'en eût pas disposé; et cela parce que le donateur avait en ce cas donné sans reserve et irrévocablement la propriété de ses immeubles; il a donc fallu le dispositif exprès de la coutume pour établir un droit de retour légal; et la coutume a borné ce droit de retour au cas que le donateur n'aurait pas disposé des biens donnés. La coutume a donc expressement laissé au donataire la libre faculté de disposer, comme il l'avait de droit; dans l'espèce, au contraire, où se trouvent les héritiers *Claesman*, la donation universelle n'a pas été faite purement simplément en faveur de *Charles Dhont*, encore moins la donatrice y a-t-elle ajouté la clause *pour en faire sa volonté. Isabelle Claesman* a limité, au contraire, sa donation par les termes restrictifs *bien entendu cependant.*

Ainsi, loin que l'espèce de retour conventionnel que la clause *bien entendu etc.* renferme, ait pu être rendue illusoire *par la seule volonté* de *Charles Dhont*, l'on pourrait soutenir avec fondement, que sous le ressort même de la coutume de Valenciennes, ce retour n'eut pas pu être detruit par les aliénations arbitraires des biens donnés qu'auraient faites le donateur pendant sa vie.

La seconde objection se trouve dans la sixième consultation de *M. J. van Gobbelschroy, etc.* elle est tirée de *Pothier* traité des substitutions sect. 4 art. 2 § 1. cet auteur, en parlant des *fideicommis de residuo*, examine les effets de celui ou le testateur aurait ordonné la restitution *de tout ce qui restera en nature des biens de la succession*; il dit que, dans ce cas, la substitution est restreinte aux seuls effets que l'héritier grevé se trouvera avoir en nature lors de l'ouverture de la substitution; c'est-à-dire aux seuls effets, précisement les mêmes qui lui ont été laissés par le défunt, et qu'il a conservés jusqu'a l'ouverture de la substitution.

Les héritiers *Dhont* veulent appliquer ce sentiment à leur cause; mais, d'abord, il est à observer qu'*Isabelle Claesman* n'a pas, par la clause *bien entendu etc.* reservé en faveur de ses héritiers légaux les seuls immeubles, qui resteront encore en nature dans la succession à la mort de *Charles Dhont;* le mot *en nature* ne se trouve pas dans le texte original flamand du prétendu contrat de Mariage ; il y est seulement parlé des immeubles qui *existeraient encore* ou pourraient encore être en *essence* ou en *existance*; c'est ainsi que les traducteurs près les tribunaux de Gand et de Bruxelles ont traduits les termes flamands du contrat *exteren ende mogen in wezen zyn.*

Voyez ces translats page 82.

Mais supposons encore que les contractans se soient servi des termes *en nature*, nous ne croyons pas que le sentiment de *Pothier* serait applicable au cas présent ; car cet auteur n'examine que les substitutions établies par acte de dernière volonté, et ainsi par la volonté d'un seul, tandis que les *fideicommis* ou clauses de retour *contractuels*, tels que dans le cas présent, sont stipulés par la volonté des deux contractans ; or, les lois et les sentimens des auteurs, à l'égard des premiers, ne sont pas toujours applicables aux derniers, c'est pour cette raison que le savant *Rekendaele*, dans sa consultation page 36, dit fort bien, que même la novelle 108, n'est pas applicable aux *fideicommis* contractuels *de residuo.*

Au reste quelque respect que les jurisconsultes doivent avoir pour les opinions du célébre *Pothier*, l'on ne voit cependant pas que son sentiment sus-rappellé soit admisible.

En effet: selon ce sentiment le *fideicommis de residuo*, où la restitution tomberait sur les biens restant en nature, serait toujours un *fideicommis*, quoique plus restreint ; mais ne voit-on pas que selon cette opinion il n'y aurait plus de *fideicommis?* car l'héritier fiduciaire ne serait plus *grevé* d'aucune restitution, quisqu'il pourrait *tout* consumer et convertir à son profit, cependant toute substitution ou *fideicommis*, présuppose essentiellement une *obligation* quelconque envers le fideicommissaire; c'était le *fideicommis de residuo* qui chez les romains donnait le plus de latitude au fiduciaire, cependant celui-ci ne pouvait aliéner les biens *fideicommissés arbitrairement et fideicommissi intervertendi causâ; Justinien* a même statué par sa novelle 108 que le fiduciaire *de residuo* devait absolument conserver le quart des biens substitués, malgré qu'il eut eu des motifs de l'aliéner.

Il semble donc évident que *Pothier* en énonçant son sentiment, aurait du dire que dans l'espèce qu'il propose il n'y a plus de substitution proprement dite et sur tout, que l'héritier fiduciaire n'est plus *grevé*, cependant cet auteur dit que dans son espèce il y a encore une *substitution*, qu'il y a encore un héritier *grevé*, mais que cette substitution est *restreinte*; ces expressions sont contradictoires avec son opinion, et cette opinion, que d'ailleurs il n'appuye par aucune autorité, est absolument contraire aux lois romaines qui fixent l'obligation du fiduciaire chargé de restituer *les biens restans*, *bonorum superfluum*, expression qui s'entend naturellement *des biens restans en nature dans la succession.*

L'on ne peut finir cette introduction sans dire un mot concernant la consultation donnée par les jurisconsultes *De Graeve* et *Varenbergh*; c'est la première du recueil publiée par les héritiers *Dhont.*

D'abord le lecteur éclairé trouvera la solution *adequate* de leurs argumens dans les consultations que renferme le premier volume du présent ouvrage, ainsi que dans la réfutation imprimée en l'an 7. il y verra entre autre que lorsqu'un avantage est stipulé dans un contrat sous une *condition éventuelle*, telle que les consultans pretendent être celle qui se trouve dans le pretendu contrat de *Charles Dhont*, l'existence de la condition ne peut pas être mise au pouvoir des contractans *non valet stipulatio* dit la loi 17 ff. de verb. oblig. *in rei promittentis potestate collata conditione.*

Mais ce qui est le plus remarquable dans cette consultation, c'est que le Citoyen *De Graeve* y *affirme positivement* " que le » survivant *Charles Dhont* est *maitre absolu* des biens délaissés » par son épouse que les héritiers *Claesman* ne sont pas en droit » de revendiquer ces biens ni même de pretendre l'équiva-» lent des biens aliénés. »

Cependant le même jurisconsulte, consulté par les héritiers *Claesman* a repondu en substance dans son avis du 9 Mars 1770. que quoique la clause *bien entendu etc.* ne detruisait pas la stipulation AU DERNIER VIVANT LE TOUT, elle importait au moins *un fideicommis residui* qui conserve aux héritiers *Claesman* le droit sur le quart desdits biens immeubles, et que pour sureté de ce droit ces héritiers pouvaient, non selement demander à charge du survivant la production d'un état des biens, mais aussi une caution suffisante; citant à l'appui *Voet* ad. ff. lib. 36. tit. 1, N°. 54.

Le lecteur impartial trouvera quelque contradiction dans ces deux avis, mais peut-être que le citoyen *De Graeve* ne se rappélait plus de son premier avis, ou peut-être qu'il a cru de voir plus clair en consultant avec le Citoyen *Varenbergh*, le 30 Nivôse an 10., que lorsqu'il a avisé le 9 Mars 1770. avec le jurisconsulte *Vande Putte.*

MEMOIRE à CONSULTER,

Que les héritiers *Dhont* ont mis en tête de léur recueil de consultation.

CHarles Dhont *épousa* Isabelle Claesman *le 14 Juillet 1760.*

La célébration de leur Mariage fut précédée d'un Contrat dans lequel se trouve insérée cette Clause : " *Mais si ledit Mariage vint à se dissoudre sans Enfans*
" *nés ou apparence d'en naître, dans ce cas, la volonté et l'esprit des Parties con-*
" *tractantes est, comme condition de leur dit futur Mariage, que le Survivant ou*
" *la Survivante d'eux deux, aura et rétiendra en plein Domaine et Propriété,*
" *généralement tous les Biens de la Maison mortuaire, tant Meubles qu'Immeu-*
" *bles, Actions, Profits et Créances, rien excepté ni réservé, de façon que dans*
" *le cas de non Enfant ou Enfans, aura lieu la Condition et Clause au Survivant*
" *le tout : bien entendu cependant qu'après le décès du Survivant d'eux deux, les*
" *Héritiers du prédécédé pourront hériter et profiter les Biens immeubles, lesquels*
" *au tems de la mort du second décédé, comme venus du côté du prédécédé existeraient*
" *encore et pourraient être en nature, sans avoir droit à quelque chose d'autre*
" *ou de plus, puisque la Condition au Survivant le tout, hormis les Biens im-*
" *meubles du prédécélé lors en nature, devra à l'égard de tous autres et ultérieurs*
" *Biens,* avoir son effet et exécution. "

RÉFUTATION.

Les héritiers *Dhont* avancent dans leur mémoire à consulter que la célébration du Mariage entre *Charles Dhont* et *Isabelle Claesman* à été précédée
d'un contrat de Mariage; dans la supposition que cela fut ainsi, (ce qui cependant
ne conste pas, comme on le fera voir en tems et lieux) serait-il également
vrai que ce pretendu contrat ait precédée la promesse de Mariage que renferme l'acte des fiançailles passée entre les futurs époux les 28 Juin 1760? c'est
ce que les héritiers *Dhont* n'établiront jamais à suffisance de droit, et c'est
cependant ce qu'ils seront obligés de vérifier pour prouver l'antenuptialité (si
l'on peut s'exprimer ainsi) de ce pretendu contrat.

Les héritiers *Dhont* en insérant dans leur mémoire à consulter la traduction
d'une partie du texte du pretendu contrat dont il s'agit, traduisent maintenant les termes *eygendom ende proprieteyt* par ceux de *domaine et propriété* tandis que dans une traduction precédente ils ont pris, comme ils le devoient,
ces mots pour des vrais synonymes, c'est apparemment pour donner plus de
credit à celle des termes *exteeren ende mogen in wezen zyn* qu'ils persistent à
traduire par ceux *exister et être en nature*, tandis qu'il a été prouvé ailleurs que
ces mots ne sont pas moins synonymes que les termes *eygendom ende proprieteyt.*

*Pendant la Conjonction les Époux disposerent de quelques Biens immeubles pro-
venans du côté d'*Isabelle Claesman, *des Rentes venues du même chef leur furent
remboursées, elle décéda sans Enfans le 28 Octobre 1768 : devenu Veuf* Charles
Dhont *usant de son droit de pleine Propriété, aliéna aussi plusieurs Immeubles
procédans du côté de sa predéfunte Épouse.* —— *Il est mort sans postérité le 31
Janvier 1798.*

On demande si les Héritiers de Charles Dhont *en laissant suivre à ceux d'Isabelle* Claesman *, les Biens immeubles trouvés existans en nature à la Mortuaire dudit* Charles Dhont *, venus du côté de son Épouse prédécédée, ne sont pas fondés à leur contester la demande qu'ils pourraient faire, soit en revendication des Biens aliénés ou de leur équivalent, soit en refusion du prix qui en est provenu ?*

RÉFUTATION.

Les héritiers *Dhont* en exposant le fait dans leur mémoire à consulter le présentent de manière à faire croire au public que *Charles Dhont* en vendant les immeubles delaissés par son épouse predécédée, n'a fait que *continuer* des aliénations que son épouse avait déjà commencées pendant sa vie, afin, d'affoiblir s'il étoit possible, l'intention bien prononcée d'*Isabelle Claesman* de *reserver* les immeubles en faveur de ses héritiers du sang.

Personne n'ignore que c'est *Charles Dhont* qui immédiatement après la mort de son épouse, s'est hâté d'échanger la presque totalité des immeubles délaissés par elle; dans l'espoir de les rendre, par ce trafic fraudeleux, transmissibles à ses propres héritiers au préjudice de ceux de son épouse, et si *Isabelle Claesman*, durant son union avec *Charles Dhont*, a aliéné quelques immeubles, ce ne peut avoir été que par convenance, et nullement pour dissiper sa fortune ou pour nuire aux héritiers en faveur desquels elle avait stipulé.

Les héritiers *Dhont* avancent que c'est en usant de son droit *de pleine propriété* que leur auteur a aliéné plusieurs immeubles delaissés par son épouse; ils posent donc pour certain que *Charles Dhont* ait eu cette *pleine propriété*, tandis que la décision de la contestation depend principalement de cette question; quand dans un mémoire à consulter l'on pose pour certain ce qui doit être mis en question, il est aisé de se procurer des avis favorables.

Les héritiers *Dhont* doivent avouer que les immeubles d'*Isabelle Claesman* n'etoient pas *transmissibles* aux héritiers de *Charles Dhont*; cependant cette transmissibilité est un des principaux effets du *plein domaine* ; comment osent-ils donc avancer, que c'est en usant de son droit de *pleine propriété* que *Charles Dhont* a trafiqué les immeubles d'*Isabelle Claesman*?

AVANT-PROPOS, que les héritiers *Dhont* ont également placé en tête de leur recueil.

1. *Il y a des questions qui pour être jugées sainement n'ont besoin d'aucun secours de l'art, que le raisonnement seul éclaire, approfondit, décide.*

2. *Parmi ce nombre doit être rangée celle qui divise les Héritiers de* Charles Dhont *et ceux d'*Isabelle Claesman *; envain, ces derniers veulent-ils la dénaturer par des subtilités, détourner l'attention de l'objet principal par des Hypothéses, capter la bienveillance par des exclamations sur la mauvaise foi, le dol l'usurpation de leurs Adversaires; pour tout homme impartial, des mots ne seront que des mots ; des Titres seront des Titres et les effets de l'imagination la plus féconde, ne feront jamais qu'on y trouve, ce qui réellement n'y est pas.*

RÉFUTATION.

S'il est des questions dont la décision ne demande que le seul bon sens ou, ce que les legistes appellent le *judicium rusticum*, sans le secours de quelque art, ou science, il en est en revanche une infinité d'autres, qu'il est impossible de juger sans des connaissances acquises.

Telles sont la plûpart des questions de jurisprudence et nommément celle qui divise les héritiers d'*Isabelle Claesman* et ceux de *Charles Dhont*, sur le sens du pretendu contrat de Mariage.

Cependant l'on pourrait dire à plus forte raison, que, dans l'espèce, le *raisonnement* seul suffit pour dire : que puisque *Isabelle Claesman* n'a pas voulu qu'un seul de ses biens immeubles fut *directement transmifsible* aux héritiers de *Charles Dhont*, son intention ne peut avoir été que cellui-ci eût pû *les transmettre par une voie indirecte*, c'est-à-dire en leur faisant passer l'équivalent de ces biens, par un trafic frauduleux et en y substituant d'autres biens.

---

3. Il est donc permi à nos Adversaires d'étayer leur défense par des assertions hazardées, par des injures mêmes, ces moyens conviennent parfaitement à l'état de leur cause : quant à nous dont tout l'intérêt consiste à faire connaître la véritable question à juger, nous avons produit le Titre sur lequel nos Droits reposent, c'est dans cet acte qu'il faut trouver la solution à toutes les objections qu'on nous fait, et il ne faut pas des grands efforts pour y parvenir.

RÉFUTATION.

Les héritiers *Dhont* ont beau s'efforcer de persuader au public que les héritiers *Claesman* ne sont appellés qu'à récueillir les seuls immeubles de leur parente, *qu'il a plû à* Charles Dhont *de ne pas aliéner*, les immeubles réellement et physiquement *restans* dans sa succession; quelques personnes à la vérité qui ne consulteront que le sens grammatical et vulgaire de la clause litigieuse *bien entendu etc.*, diront peut-être, que puisque les héritiers *Claesman* ne peuvent partager et profiter que les immeubles de leur parente qui pourraient encore *rester dans la succefsion après la mort de Charles Dhont*, s'il ne *reste* effectivement plus rien, si tout est vendu, les héritiers *Claesman* n'ont plus rien à partager; mais ceux qui voudront sonder la véritable intention d'*Isabelle Claesman*, et sur tout les jurisconsultes qui chercheront le *sens juridique* de la clause litigieuse, et nommément l'interprétation et les effets que le droit romain donne à une disposition *des biens restans*, *bonorum superfluum*, porterront un tout autre jugement; c'est cette partie du public qui pourra décider, si les héritiers *Claesman étayent leur défense par des afsertions hasardées*; leurs droits reposent sur leur qualité d'héritiers du sang d'*Isabelle Claesman*, et sur le titre même que les héritiers *Dhont* réclament en leur faveur; si tant est, que ce titre puisse être envisagé comme probatoire et valable.

---

4. Les Héritiers Claesman *qui ne l'ignorent pas, ont été effrayée de la sensation que cette pièce a produite, et ils ont cru pouvoir en diminuer les effets, en publiant quelques Consultations données en leur faveur.*

5. Mais ce n'est pas par l'autorité qu'on en impose, dans une discussion de la nature de celle dont il s'agit, c'est la force des principes et du raisonnement qui entraine et fixe l'opinion ; alors, les décisions des Jurisconsultes ne sont rien, si les bases sur lesquelles elles reposent, ne sont pas avouées ou fortement établies.

RÉFUTATION.

Les héritiers *Claesman* qui connaissent depuis longtems ce pretendu titre, et qui l'ont placé même en tête de leur réfutation, imprimée en l'an 7., n'ont pu être *effrayés* de la sensation que la réimpression de cette pièce peut avoir produite ; pas plus que de la sensation que doit naturellement faire sur l'esprit des jurisconsultes intégres et éclairés ; cet AVANT-PROPOS et les CONSULTATIONS qu'on a imprimés à sa suite ; mais les héritiers *Dhont* craignant à juste titre la publication prochaine, des avis que les héritiers *Claesman* ont recueillis dès l'année 1770. chez un grand nombre des meilleurs jurisconsultes flamands, ont cru pouvoir affoiblir l'effet de cette publication en la prevenant par leurs imprimés. Les héritiers *Dhont* manqueront cependant leur but ; le public éclairé, à qui les consultations données en faveur des héritiers *Claesman*, sont soumis, les combinera avec celles qui se trouvent dans le présent recueil, et les héritiers *Claesman* se flattent que le resultat de cet examen, ne pourra que leur être favorable sous tous les rapports ; ce juge respectable et intégre décidera, entre autres, dans quel des deux recueils se trouve *la force des principes et du raisonnement* ; il verra aussi si les décisions du célébre *Papinien* qui militent en faveur des héritiers *Claesman*, *ne sont pas des bases avouées et fortement établies.*

----

6. Or , sur quoi est fondé le systême auquel les Avocats des héritiers Claesman *se sont arrêtés :* Charles Dhont *, disent-ils, n'a pu disposer par Testament des Biens que son Épouse lui a délaissés , il a dû laisser suivre aux Héritiers de la prémourante , les Biens existans encore en nature à la Mortuaire de lui second décédé, donc il n'a pas été Propriétaire , il n'a été que Fidei-commissaire.*

7. Eh quoi! parce qu'on ne peut disposer par Testament des Biens d'une qualité déterminée , de ceux qui étaient provenus de son Épouse , et qui ont été trouvés existans en nature à la Mortuaire du second décédé , s'en suit-il, que pendant la vie on n'a eu aucune propriété , ni auxdits Biens , ni à tous autres provenus du même chef ?

8. Croyent-ils les Héritiers Claesman *, parce que sous l'ancien Régime on ne pouvait disposer par Testament audelà du tiers des Biens situés en Flandre , que le Testateur sa vie durant, n'avait pas eu la propriété de tous ses Biens ? osent-il soutenir , que la Loi du 4 Germinal an 8 , en prohibant au Père ayant quatre Enfans , de disposer par acte de dernière volonté audelà du cinquième , a frappé les autres quatre cinquièmes d'une indisponibilité , et parainsi que le Père sa vie durant ne peut plus les vendre , aliéner , échanger , qu'il n'en est enfin qu'un Fidei-commissaire ?*

9. Voila cependant à quoi leur systême les conduit : c'est en donnant à la Clause bien entendu *une extension , que les termes dans lesquels elle est conçue ne comportent pas ; c'est en l'isolant de l'interprétation que les Contractans lui ont donnée dans l'acte même , c'est en écartant toutes les stipulations qui répètent jusqu'à satiété , que le Survivant malgré la Clause* bien entendu *, est, et reste Propriétaire , qu'on est parvenu à faire disparaître du Contrat la donation de la propriété , y énoncée en termes formels.*

RÉFUTATION.

Il est étonnant que les héritiers *Dhont* ayant pour eux, à ce qu'ils disent, *la force du principe et du raisonnement* ; ne les employent pas pour renverser les argumens solides, sur les quels reposent les droits des héritiers *Claesman*, et qui se rencontrent en foule dans le recueil de leurs consultations, recueil que les héritiers *Dhont* ont sçu se procurer avant que l'impression n'en fût achevée ; pourquoi s'attachent-ils à résoudre une frêle objection, qui n'a pas même été faite de la part des héritiers *Claesman ?* ils ont peut être créé cette objection facile à résoudre, afin de paraître victorieux sans peine aux yeux du public; mais probablement n'ont ils pas voulu s'objecter des bons argumens dans la crainte d'affoiblir leur cause par des réponses peu satisfaisantes qui auraient donné prise aux repliques des héritiers *Claesman.*

He quoi ! les héritiers *Dhont* croyent-ils, que le système des héritiers *Claesman* n'est fondé que sur ce que *Charles Dhont* ne pouvait pas disposer par acte de dernière volonté des immeubles de son épouse predécédée ? le moindre écolier en droit sçait bien qu'on peut quelque fois être propriétaire d'un bien sans pouvoir en tester, et que réciproquement, l'on peut avoir la faculté de tester de ses biens sans pouvoir en disposer par acte entre vifs.

Charles Dhont ne pouvait certainement pas disposer par acte de dernière volonté des immeubles delaissés par son épouse; mais ces biens, comme il a déjà été observé, n'étoient pas même *transmissible*, sans disposition, aux héritiers *ab intestat* de *Charles Dhont*, puisqu'ils étaient *reservés* pur la clause *bien entendu cependant etc.* aux héritiers naturels de la donatrice; et c'est cette reserve des biens encore existans ou restans à la mort de *Charles Dhont*, prise dans le sens juridique qu'y attachent les plus célèbres jurisconsultes anciens et modernes, qui doit suffire pour établir les droits des héritiers *Claesman*, soit aux immeubles d'*Isabelle Claesman* encore existans en nature, soit à ceux qui de droit doivent encore *être censés exister* dans la masse des biens delaissés par *Charles Dhont*; c'est ce qu'établissent solidement *par la force des principes* et non *par des assertions hasardées*, tous les jurisconsultes qui ont prononcé en faveur des héritiers *Claesman.*

---

10. Ainsi, les stipulans n'auraient fait tant d'effort dans la première partie du Contrat, pour s'assurer réciproquement le plein domaine, que pour détruire dans le même acte, deux lignes plus bas, toute cette donation par la Clause bien entendu*?*

RÉFUTATION.

Cette objection a déjà été faite, dans la consultation réfutée en l'an 7., et on croit y avoir victorieusement répondu; le rédacteur de l'avant-propos sait bien que dans les testamens comme dans les contrats, où l'on dispose de *tous* ses biens, l'on commence par *tout* donner à l'héritier ou au donataire universel; le testateur commence par dire *heres esto*, je vous laisse *tout*, puis le disposant fait dans le même acte *deux lignes plus bas* des *délibations* ou des *reserves* en faveur d'un légataire ou d'un fideicommissaire, même chez les romains, où les fideicommis universels étaient très usités, l'héritier, qui d'abord avait *tout* aux termes de son institution, était chargé, *deux lignes plus bas*, de *tout* restituer dans le même moment au fideicommissaire, et ce n'est qu'en vertu du *senatus consulte trebellien* que les fiduciaires ont pu retenir le quart des biens fideicommissés.

Dans l'espèce présente *Charles Dhont*, qui de son côté n'apportait rien pour former le don mutuel dans son pretendu contrat de Mariage, a bien plus profité, que le quart trebellianique, et sa donation est bien loin d'avoir été *detruite*, par la reserve que son épouse y a apposée dans la clause *bien entendu etc.*

Ainsi la donation universelle en question subsiste aussi bien avec la reserve y attachée en faveur des héritiers *Claesman*, qu'une institution d'héritier subsiste avec un *fideicommis* soit universel soit *de residuo.*

11. *Mais, il est de principe, que les différentes Clauses d'un acte doivent être interprétées en sorte, qu'elles puissent subsister ensemble ; il faut donc appliquer la Clause que nos adversaires appellent la reserve, aux seuls Biens immeubles existans encore à la Mortuaire du Survivant, comme venus du côté du prédecédé ; il le faut d'autant plus, que les Contractans eux-mêmes l'ont interprété ainsi par la finale de leur convention ; finale que les Jurisconsultes dont l'autorité est invoquée par nos Adversaires, ont évité de citer avec un soin tout particulier : voici ce qu'elle porte,* " *Les Héritiers du prédecédé pourront hériter et profiter les Biens* n *immeubles, lesquels au tems de la mort du second décédé, comme venus du côté* n *du prédecédé existeraient encore et pourraient être en nature,* sans avoir droit n à quelque chose d'autre ou de plus, *puisque la condition au Survivant le* n *tout, hormis les Biens immeubles du prédecédé lors en nature, devra à l'égard* n *de tous autres et ultérieurs Biens, avoir son effet et exécution.*

12 *Cette finale si importante pour la décision de la question, ou n'a été soumise aux Jurisconsultes, dont on a cité les opinions, ou a été par eux entierement négligée ; ils se sont bornés à dire ;* Charles Dhont *n'a pas eu la propriété absolue, parceque la disposition faite en sa faveur était un Fidei-commis, et nous prouvons que c'est un Fidei-commis, parceque le donataire n'a pas eu la propriété absolue.*

RÉFUTATION.

Les héritiers *Dhont* reviennent toujours à la charge avec la tirade finale du prependu contrat commençant par ces mots, *sans avoir droit à quelque chose d'autre ou de plus etc.* cette phrase qui n'est proprement qu'un verbiage de notaire, ne peut altérer en rien les deux dispositions principales contenues dans les stipulations, *au dernier vivant le tout, et bien entendu cependant etc.* l'on repète encore ici ce qui a déjà été dit sur ce point dans la réfutation de l'an 7., ces deux dispositions étant *parfaites,* quelques phrases explicatives y ajoutées ne peuvent en changer la substance ; le sens juridique de la disposition, à l'égard des biens *encore existans,* doit toujours rester le même, malgré les phrases y ajoutées, qui dans le fond ne font qu'expliquer ce que cette disposition renfermoit tacitement ; or, il est de principe *quod ea que tacite actui insunt etiamsi exprimantur nihil operentur ;* et c'est sans doute pour cette raison que les jurisconsultes qui ont avisé pour les héritiers *Claesman,* n'ont pas cru devoir glosser sur ces expressions finales, qui certainement leur ont été soumises puisqu'ils ont vu le pretendu contrat en entier et même *dans son texte original flamand.*

---

13. *Voilà un Fidei-commis établi d'une maniere bien étrange, mais ce qui est plus étrange encore, est, que les Héritiers* Claesman, *ceux-là même qui font imprimer les Consultations dont nous venons de parler, ont soutenu dans un Mémoire publié l'an 7., qu'il n'y a pas de Fidei-commis dans le Contrat de Mariage de* Charles Dhont.

RÉFUTATION.

Les héritiers *Claesman* dans leur mémoire publié en l'an 7., ont fait abstraction de la question, si la clause *bien entendu cependant etc.* renfermait un véritable *fideicommis de residuo ;* mais ils ont toujours soutenu, et ils soutiennent encore, que les principes de droit établis par *Papinien,* pour le *fideicommis de residuo* doivent être appliqués à l'espèce de cette cause, dans le cas que *Charles Dhont* ait eu la faculté d'aliéner les immeubles de son épouse, et si l'on peut envisager la clause *bien entendu etc.* comme un *fideicommis de residuo,* alors les héritiers *Claesman,* non

seulement ne craignent pas l'application des nouvelles loix qui abolissent les substitutions, mais ils emprunteront de cette disposition fideicommissaire même d'autres moyens qui ne peuvent qu'augmenter leurs pretentions à la succession de
leur parente.

------

*14. Ils disent donc que les Jurisconsultes dont ils invoquent l'autorité, n'ont rien
de tout entendu au Contrat dont il s'agit : et de lors, valait-il la peine de faire
imprimer des opinions annoncées d'avance comme erronées ? Certes non ; mais, il
fallait un prétexte pour accuser leurs Adversaires de mauvaise foi, et cette impression en fournissait l'occasion.*

RÉFUTATION.

Il resulte assez de ce que l'on vient de dire : que les héritiers *Claesman*, en ab-
strayant de tout fideicommis, ne contrarient aucunement les opinions de ceux de
leurs jurisconsultes, qui ont vu, dans la clause de *bien entendu etc.*, un fideicommis *de residuo* ; encore moins est il vrai, que ces opinions étaient annoncées parlà
comme erronées ; quant à l'accusation de mauvaise foi, dont les héritiers *Dhont*, se
plaignent, elle ne parait malheureusement que trop fondée ; comme le jugera
le public, par les consultations données en faveur des héritiers *Claesman*, et le
tableau de la conduite, que les héritiers *Dhont* ont tenue dès le principe ; et dont
on vient de donner l'esquisse dans l'introduction qui precède.

------

15. Ils s'en sont donc servis : 1°. Pour qualifier le Contrat de Mariage dont
il s'agit d'un PRÉTENDU Contrat, qu'ils avaient soumis à l'examen de plusieurs Jurisconsultes, depuis le décès d'*Isabelle Claesman.*

RÉFUTATION.

Les héritiers *Claesman* n'ont jamais nié l'existence materielle de l'instrument,
qui renferme le pretendu contrat de Mariage dont il s'agit ; ils l'on connu immédiatement après la mort d'*Isabelle Claesman* ; mais ils ont droit de nommer l'acte,
qu'il contient *un pretendu contrat de Mariage* aussi longtems que le juge n'aura
pas prononcé, et sur la preuve que doit faire cet instrument en jugement, et sur
la validité des stipulations qu'on y a redigées.

------

*16. Donc, depuis cette époque ils avaient connaissance de ce Contrat ; s'il était
supposé, s'il était nul, soit dans la forme, soit à raison des stipulations qu'il
renfermait, comment se fait-il qu'ils ont gardé un silence d'environ quarante ans
qu'ils ont laissé* Charles Dhont *en vertu de ce* prétendu *Contrat en possession de
tous les Biens, qu'ils n'ont pas protesté contre les ventes qu'il fit publiquement des
immeubles provenans de son Épouse, et que plusieurs des Héretiers* Claesman *ont
acheté de ces Biens, en laissant insérer dans les Contrat d'achat, que le vendeur
en était propriétaire du chef de son Contrat de Mariage avec* Isabelle Claesman,
*comment se fait-il, que les plus célèbres Jurisconsultes de la Belgique, qu'ils disent
avoir consultés à ce sujet, ne leur ont pas dit un mot sur la validité de ce Contrat : c'est sans doute par un effet de la très insigne bonne foi des Héritiers* Claesman
qu'ils ont différé de traiter cet acte de prétendu Contrat, *jusqu'à ce que* Charles
Dhont, *les Notaires et les temoins étaient décédés.*

RÉFUTATION.

Les héritiers *Dhont* font les étonnés sur plusieurs objets, en repétant souvent
l'interrogation *Comment se fait-il ?* on pourroit d'abord leur repondre à toutes ces

demandes, que quand bien même tout ce qu'elles contiennent fût vrai, il n'en resulterait rien qui put affoiblir les pretentions des héritiers *Claesman* ; mais la plûpart des ces assertions sont encore controuvées ; il est faux, par exemple, que les héritiers *Claesman* ont gardé un filence d'environ quarante ans, puisqu'immédiate_ ment après la mort de leur parente ils ont actionné *Charles Dhont* en confection d'état de biens ; et ce n'était que dans la liquidation de cet état, (à laquelle *Charles Dhont* n'a jamais satisfait, malgré que deux jugemens l'y avaient condamné ,) que les héritiers *Claesman* devaient soutenir leurs pretentions, tant à l'égard de a validité du contrat de Mariage en question, que sur les immeubles delaissés par leur parente ; du reste les héritiers *Claesman*, en temporisant sans protester contre les ventes de *Charles Dhont*, n'ont fait qu'user de leur droit, de pouvoir déliberer pendant l'espace de tems requis pour la prescription ; il est encore faux que quelqu'un des reclamans de la succession d'*Isabelle Claesman* ait acheté des biens immeubles pendant le trafic frauduleux qu'en a fait *Charles Dhont* ; il est également faux que les jurisconsultes qui ont avisé en faveur des héritiers *Claesman* n'ayent pas dit mot sur la validité du contrat en question, puisque plusieurs ont prouvé que ses stipulations renferment, une donation prohibée entre époux ; il est vrai, que les questions sur la forme du prétendu contrat, quoi-ayant été également soumis, à l'avis des jurisconsultes ne se trouvent pas traités dans ce recueil ; mais c'est par ce qu'on a reservé ces avis pour le second volume ; il n'est pas moins faux, que les héritiers *Claesman* ayant différé jusqu'à présent de traiter l'acte en question *de pretendu contrat de Mariage* ; puisque du moment que *Charles Dhont* en a fait l'exhibition par devant le conseil en Flandre, les héritiers *Claesman* l'ont traité dans leur replique *de pretendu contrat, verwaend contract* ; il est enfin faux qu'on ait attendu la mort des témoins, pour attaquer ce contrat, puisque personne n'a été requis, encore moins est entrevenu *aucun témoin* dans ledit contrat ; ceux-ci peuvent donc dire à leur tour, *comment se fait-il* que les héritiers *Dhont* osent en imposer au public sur des faits évidemment controuvés? c'est sans doute par continuation de cette insigne *bonne foi* avec la quelle ils se sont constamment défendu en justice, et qui a dirigé leurs négociations transactionelles.

---

17. 2°. La Dépêche *continuent-ils* a été tronquée et elle sera suspecte aussi long-tems que les Héritiers *Dhont* n'en produisent la minute. —— *Mais cette minute repose dans un Dépôt-public, les Héritiers* Claesman *peuvent y prendre recours, et de fait, ils y ont pris recours plusieurs fois, ils ont par leurs fondés de pouvoirs fouillé et à plusieurs reprises le regître du Notaire* Boone, *dans lequel cette minute se trouve, et ils doutent si cette Dépêche est conforme à la minute : voila un doute tout à fait raisonnable.*

RÉFUTATION.

Il est vrai, que quelques-uns des héritiers *Claesman*, ont vu la minute du pretendu contrat dont il s'agit ; et c'est precisement depuis cette époque, qu'ils ne doutent plus, que la dépêche produite par les héritiers *Dhont*, ne soit tronquée, et ne diffère sur des points même essentiels de cette minute, qui repose au dépôt des archives de la ville de Bruges.

---

18. 3°. C'est à dessein d'obtenir des avis favorables, pour colorer l'usurpation d'une Succession, que les Héritiers *Dhont* ont traduit les mots Flamands *IN WEZEN-ZYN*, par les termes *ÊTRE EN NATURE*.

19. *Mais cette traduction est-elle l'Ouvrage des Héritiers* Dhont *, ou celui de traducteurs Jurés, ensuite, presque tous les Avocats, auxquels la question a été soumise de la part des Héritiers* Dhont *, possèdent parfaitement bien la Langue flamande, ils ont eu le texte flamand sous les yeux, et ce qui prouve qu'ils ne se sont pas mépris sur la signification des mots* in wezen zyn *, est, que les Jurisconsultes qui ont mérité la confiance des Héritiers* Claesman *les ont rendus par les termes équivalens* être en nature.

RÉFUTATION.

Les héritiers *Claesman*, ignorent et doutent même beaucoup, si presque tous les avocats consultés par les héritiers *Dhont*, connaissent *parfaitement la langue flamande*, et qu'ils ayent vu *le texte flamand* du contrat en question; il est d'abord, bien certain, que les Citoyens *Crassous, Lefebvre, Wartelle, Deprez, De Quersonnière, Deusi et Maudoux*, ne prétendent pas de connaître parfaitement la langue flamande.

D'ailleurs si la traduction des termes *exteeren ende in wezen zyn*, par ceux *exister et être en nature*, est l'ouvrage des traducteurs jurés que les héritiers *Dhont* ont employés; (c) la traduction des mots *in wezen zyn* par le seul terme *exister* est non seulement l'ouvrage des traducteurs jurés employés par les héritiers *Claesman* mais encore celui de tous les meilleurs grammairieus et des auteurs de vocabulaires, nommément d'*Huygens*, qui dans son notaire belgique a placé un dictionnaire de termes de pratique dont il donne la vraie signification.

---

20. *En effet, l'Avovat* Kesteloot *en parlant des Biens délaissés par* Isabelle Claesman *, dit* by-haer *in nature* achtergelaeten.... Dat A nogh zyne Hoirs noyt recht van proprieteyt en konnen pretendeeren aen de immeubele Goederen *in nature*.

21. *L'avocat* De Crits *, parlant des Biens que le Fidei-commissaire délaisse, s'énonce comme suit :* " dat'er geen onderscheyd te maeken en is, of die fi-
» dei-commissaire Goederen bevonden worden over-te-schieten *in nature*.

22. *A moins donc, que les Héritiers* Claesman *ne desavouent à cet égard, comme à l'égard du Fidei-commis l'interprétation de leurs Avocats, ils se trouvent obligés d'admettre la traduction* être en nature.

RÉFUTATION.

Si parmi les avocats consultés par les héritiers *Claesman* il s'en trouvent qui ont parlé des biens *en nature* deluissés par *Isabelle Claesman*, ce n'étoit certainement pas pour déterminer le sens des mots, *in wezen zyn* qui se rencontrent dans le pretendu contrat de Mariage; ceux qui liront les avis de ces avocats, seront convaincus que ce n'est que par opposition des biens laissés *en nature* dans la succession, à ceux qui ont été, ou peuvent être *aliénés*, qu'ils ont employé les termes *en nature* ; ainsi les héritiers *Claesman* en soutenant leur version sur les termes *in wezen zyn* ne desavouent aucunement ce que leurs avocats ont avancé; du reste, nous le repétons; il est étonnant que les héritiers *Dhont* qui pretendent exclusivement avoir pour eux *la force des principes et du raisonnement*, veuillent s'abaisser à glosser sur des minuties de ce genre.

(c) Jusqu'à cette époque, l'on n'a vu de la part des héritiers *Dhont*, que le seul translat du Citoyen *Odevaere*, traducteur du tribunal de Bruges, qui probablement est le seul qui ait donné une traduction dans leur sens : le lecteur jugera facilement si cette traduction peut balancer, celles que les héritiers *Claesman* ont fait faire, par les traducteurs jurés près des tribunaux de Gand et de Bruxelles, qui se trouvent à la fin de ce volume.

23. 4°. C'est ainsi cependant que les Héritiers *Dhont* ont voulu colorer leur usurpation ; *en vérité on ne se serait jamais douté qu'on pouvait colorer une usurpation , en employant les termes d'un Contrat , dans le sens que les Adversaires eux-mêmes leur attribuent.*

RÉFUTATION.

Si les héritiers *Dhont*, sont aussi sensibles, qu'ils paraissent l'être au reproche de vouloir *usurper* les biens délaissés par *Isabelle Claesman*, pourquoi n'ont-ils pas fait voir dès le principe par une conduite franche et loyale, qu'ils ne méritaient pas le nom d'usurpateurs? pourquoi, au lieu d'aborder le fond de la contestation et d'opposer *la force des principes et du raisonnement*, à l'attaque de leurs adversaires, ont-ils eu recours, à la chicane la plus rafinée, pour cumuler délais sur délais, afin d'ajourner indéfiniment le jugement de cette cause?

---

24. *Et quelle est cette usurpation ? La détention des Biens donnés en Propriété. —— Mais ce n'était pas en Propriété nous dit-on. Voilà la question , et en attendant qu'elle soit jugée , les Héritiers* Claesman *traitent leurs Adversaires d'usurpateurs. Fort-bien , ils décident d'abord le Procès et s'en autorisent pour faire imprimer des injures contre leurs antagonistes , voilà ce qu'on appelle raisonner puissamment.*

RÉFUTATION.

Les héritiers *Dhont* se plaignent, qu'on les traite *d'usurapteurs* avant que la question sur le droit de propriété, qu'aurait eu leur auteur sur les biens d'*Isabelle Claesman*, ne soit décidée ; mais les héritiers *Dhont* oublient qu'à leur tour ils attribuent dans tous leurs mémoires à consulter *la pleine propriété* de ces biens à *Charles Dhont*, avant que cette même question ne soit décidée ; si les héritiers *Dhont* persistent à vouloir conserver les biens ou l'équivalent des biens d'*Isabelle Claesman*, dont leur auteur n'a pas eu *la pleine propriété*, ils sont des *usurpateurs* ; si, au contraire, *Charles Dhont* a eu cette *pleine propriété* et le pouvoir de disposer *arbitrairement* de ces biens, alors il sera vrai de dire que les héritiers *Dhont* sont des possesseurs légitimes de ces biens ou de leur équivalent ; mais aussi longtems que les héritiers *Dhont* continueront cette conduite peu délicate qu'ils ont manifestée depuis le commencement de cette contestation, tant qu'ils ne voudront entrer en negociation que pour tromper leur partie adverse, et gagner des delais, enfin, aussi longtems qu'ils persisteront à nier à la face de la justice, une transaction, qui a été conclue sincerement de la part des héritiers *Claesman* par la médiation d'un homme respectable dont l'entremise a été sollicitée par eux-mêmes, ils ne devront pas s'étonner qu'on les traite *d'usurpateurs*,

---

25. 5°. Malgré, que les Héritiers *Claesman* ont démontré, que le Texte flamand *deelen* ne peut pas être traduit par le mot français *hériter* : mais par celui de *partager*, nous avons encore la témérité de soutenir la version des Traducteurs jurés, ce qui prouve notre mauvaise foi.

26. *Ici , les Héritiers* Claesman *paraissent dominés par l'indignation que la conduite de leurs Adversaires leur inspire , mais qu'ils se calment , leurs Avocats , (car nous les combattons toujours avec leurs propres armes) ont pensé comme nous que les termes* deelen en profyteeren *placés là où ils se trouvent dans le Contrat de* Charles Dhont *, signifient véritablement hériter : l'Avocat* Pulincx *en parlant de la Période où se trouvent les mots* deelen en profyteeren *dit :* maer mits hy

ᵗs geobligeert aen de Hoirs van B. *te laeten volgen* de immeubele Goederen, *etc. ce qui sans doute ne veut pas dire* partager. *L'Avocat* Geersdaele *s'énonce encore plus clairement en disant :* maer dat met desselfs overlyden deze existerende Goederen zullen *succederen* op d'Hoirs van d'eerste overledene, *mais qu'à son décès ces Biens existans* succederont *aux Héritiers du prémourant.*

RÉFUTATION.

Les héritiers *Claesman* invoquent l'autorité de tous les vocabulaires pour prouver que le mot *deelen* ne signifie point *hériter* mais *partager* ce que l'on a déjà hérité; ce n'est pas précisément l'infidélité avec laquelle les héritiers *Dhont* ont traduit ce terme et plusieurs autres qui doit exciter *l'indignation* de leurs adversaires; mais, c'est comme on l'a déjà dit, une conduite peu délicate pour ne pas dire plus, qui doit leur attirer tout au moins le mepris des gens d'honneur.

Quant aux expressions *de laisser suivre* ou *de succeder*, dont se sont servis quelques avocats consultés par les héritiers *Claesman*, l'on peut soutenir que ces termes ne signifient pas proprement *hériter*; car l'on n'hérite des biens qu'à titre universel, tandis qu'on peut *succéder* dans un bien, ou qu'on *laisse suivre* un bien à titre particuliers, le termes de *succéder et laisser suivre* doivent donc plutot signifier, en ce cas, *paſser* des biens de l'un à d'autres, à l'effet de les laisser *partager* par ceux-ci.

Du reste il est étonnant que le redacteur de cet avant-propos, qui par sa profession est censé connaitre les hommes qui ont marqué dans la carriere du bareau, ait estropié le nom de l'avocat *Rekendale* en le nommant *Geersdale*; tout les jurisconsultes belges connaissent parfaitement la réputation dont a joui ce jurisconsulte qui de son vivant a patrociné avec tant de distinction au grand conseil de Malines, et que tous le gens du bareau regardaient à juste titre comme le *Papinien* de son tems, apparement que le redacteur craignait d'apprendre au public que le célébre *Rekendale* avait prononcé en faveur des héritiers *Claesman*.

---

27. *D'après celà qu'on juge avec quelle légéreté, nos Adversaires nous accusent de mauvaise foi.*

RÉFUTATION.

En combinant ce qui a déjà été dit dans cette réfutation sur la conduite des héritiers *Dhont* a l'égard de leurs adversaires, le public pourra juger si c'est avec trop de legéreté que les premiers sont accusés de mauvaise foi.

---

28. *Nous ne rendrons pas injure pour injure, nous nous bornerons à opposer aux Consultations que les Héritiers* Claesman *impriment, les motifs qui ont déterminé des Jurisconsultes éclairés à se prononcer pour une opinion contraire.*

RÉFUTATION.

Les héritiers *Claesman* protestent ici bien expressement que ce n'est pas dans l'intention d'injurier leurs adversaires, qu'ils ont relévé dans cette réfutation quelques verités, dans le fond eu peu dures: ce sont les expressions employées par les héritiers *Dhont* dans leurs différens imprimés et principalement leur conduite singulière, qui ont provoqué les héritiers *Claesman* à les publier; du reste les héritiers *Claesman* se rejouissent de ce que par l'impression des consultations prises par les deux parties, le public éclairé sera dans le cas de pouvoir asseoir un jugement sain dans CETTE AFFAIRE IMPORTANTE.

ET REFELLERE SINE PERTINACIA ET REFELLI SINE IRACUNDIA PARATI SUMUS. Cic. Tusc. **2.**

COPIE

D'UN PRÉTENDU

CONTRAT DE MARIAGE

AVEC LA TRADUCTION, TELLE QUE

LES HÉRITIERS

DE

CHARLES DHONT

La font circuler dans le Public, et comme encore en dernier lieu, ils l'ont placée à la tête d'une Consultation qu'ils viennent de faire imprimer, rendue à Lille le 23 Frimaire an 7., par *J. B. Wartel*, et *T. H. J. le Febvre.*

CONTRAT DE MARIAGE

ENTRE

CHARLES DHONT ET ISABELLE CLAESMAN.

Compareerde voor Ons Boudewyn Boone en Joseph Ryelandt, *Notarissen publyk binnen de Stede van Brugge resideerende, geadmitteert tot exercitie van diere by Hooge ende Mogende Heeren, Mynheeren van haere Majesteyts Raede geordonneert in Vlaenderen,* in *Persoone d'Heer* Charles Dhont *Filius d'heer* Pieter *verwekt by Joufvrauw* Isabelle de Smet, *Jongman zyn zelfs by competente oude van jaeren, ten dezen niet min geassisteert met Meester* Jacobus Dhont *Licentiaet in de Medecyne zynen Broeder, toekomenden Bruydegom ter eender zyde en Mejoufvrauwe* Isabelle Claesman *Filia M^r her* Albert, *geprocréeerd by Vrauw* Isabelle-Josephe Trappequiers, *jonge*

Comparurent devant Nous *Boudouin* Boone, et *Joseph Ryelandt* Notaires publics, résidans en la Ville de Bruges, à cet exercice admis par Hauts et Puissans Seigneurs, Messeigneurs du Conseil de sa Majesté ordonné en Flandre, en personne le Sieur *Charles Dhont* fils du Sieur *Pierre* et Demoiselle *Isabelle de Smet*, Garçon majeur par âge compétent, à ce néanmoins assisté de Maître *Jaques Dhont* Licentié en Médecine son Frere, futur Époux d'une part, et Demoiselle *Isabelle Claesman* fille de Messire *Albert*, procréée de Dame

» *Dochter insgelyks haer zelfs by compe-*
» *tente oude van jaeren, welke Compa-*
» *ranten te kennen gaven, hoe tusschen*
» *hun apparant een Huywelyk staet te*
» *geschieden, indien het zelve zynen*
» *voortsgank hebben mag naer de Wetten,*
» *Ordonnantien ende Statuyten van onze*
» *Moeder de heylige catholique Roomsche*
» *Kerke, in welken gevalle, zy voor ee-*
» *nigen band ofte belofte van den zelven*
» *aenstaenden Huywelyke, tusschen el-*
» *kanderen hebben ondersproken en ge-*
» *conditionneert de pointen ende Condi-*
» *tien naervolgende."*

» *" Te weten: dat in cas Kind ofte Kin-*
» *deren van den aenstaenden Huywelyke*
» *komen over-te-blyven, dat in zulken ge-*
» *valle, alle de Immeubele Goederen ende*
» *de gone daer vooren gereputeert by el-*
» *kanderen ten Huywelyke te brengen, ofte*
» *geduerende dies te Succederen of toe-te-*
» *komen uyt wat hoofde, ofte ten wat ty-*
» *tel het ook wezen mag, volgens de Cos-*
» *tuyme 's Lands van den Vryen, zullen*
» *volgen de zyde, danof die gokomen zyn,*
» *behoudens dat den langst-levende van*
» *hun beyde in dien gevalle zal hebben de*
» *volle houdenisse van de zelve zyde hou-*
» *dende ende alle andere Goederen, de*
» *welke aen het voorzeyde Kind, ofte*
» *Kinderen anderzints zouden mogen toe-*
» *komen ofte Succederen van wien het ook*
» *zoude mogen zyn, ende dat tot de volko-*
» *men zelfs-wordinge van het het zelve*
» *Kind ofte Kinderen, ende van daer*
» *voorts zal den langst-levenden ofte*
» *langst-levende, zyn ofte haer leven ge-*
» *duerende hebben ende genieten ten tytel*
» *van by-leefte en douarie, de gerechte*
» *helft van alle het inkomen der zelve Goe-*
» *deren, dit nogtans in den verstande ende*
» *restrictie zoo hier naer zal gezeyt wor-*
» *den, (a) ende zal den langst-levenden*
» *niet min in den zelven gevalle, daer-en-*
» *boven hebben ende behouden alle de*
» *Meubelen ende catheylyke Goederen ten*
» *Sterf-huyze te bevinden, als zyn Klee-*
» *deren, Lynen, Wollen, Zilver-werk*
» *ende Juweelen, mitsgaeders alle de Meu-*

Isabelle - Joseph Trappequiers, jeune
fille aussi majeure par âge compétent,
lesquels Comparans donnaient à connaitre que Mariage entr'eux est apparent, si suite il peut avoir selon les
Lois, Ordonnances et Statuts de notre mere la Sainte Église Catholique
Romaine, en quel cas, avant aucun
Lieu ou Promesse d'icelui futur Mariage, ils ont entr'eux stipulé et
conditionné les Points et Conditions
suivans.

Savoir: au cas d'existance d'Enfant
ou Enfans du futur Mariage, qu'en
pareil événement, tous les Biens immeubles et ceux réputés tels à apporter en Mariage par chacun d'eux,
ou qui leur succéderont ou échéront
de quel chef ou à quel titre que ce
puisse être, suivront selon la Coûtume
du Païs du Franc le côté et ligne d'où
ils sont venus, sauf qu'en tel cas le
Survivant d'eux deux aura la pleine
jouissance desdits Biens propres et de
tous autres Biens, qui pourraient autrement échoir ou succéder audit Enfant ou auxdits Enfans, de qui que ce
puisse être, ce, jusqu'à la parfaite majorité du même Enfant ou Enfans, et dès
lors, le Survivant ou la Survivante
aura et jouira la vie durant de lui ou
d'elle à titre d'Usufruit et Douaire,
de la juste moitié de tout le revenu
des mêmes Biens, ce néanmoins dans
l'esprit et restriction tel qu'il sera dit
ci-après, (a) et dans le même cas
le Survivant, n'aura pas moins et
conserve en sus tous les Meubles
et Biens mobiliers de la Mortuaire,
tels que ses Habits, Linges, Laines,
Argenteries et Joyaux, ensemble
tous les Meubles meublans, enfin

(a) Observez bien, que dans la suite de cette prétendue dépêche, l'on ne trouve plus
rien qui a le moindre rapport à cette clause, il faut donc en conclure avec fondément que
cette pièce est absolument troncquée, informe et partant très suspecte, au moins aussi longtems
que les Héritiers *Dbont* n'en produisent la Minute originale.

» *belen meubelant , emmers generaelyk al*
» *dat ten Sterf-huyze zal bevonden worden,*
» *daer onder nochtans niet en zullen begre-*
» *pen wezen eenige Catheylen gaende ofte*
» *staende op elkanders zydehoudende*
» *Goederen , ofte Landen, dit boven de*
» *Gerechte helfscheede van alle de Con-*
» *questen , die geduerende den Huywely-*
» *ke zullen komen gedaen te worden , ende*
» *degelyke helft van de comptante pennin-*
» *gen ende voordere catheylique Goederen*
» *ende de by-leefte op de zelve Conques-*
» *ten als naer Costuyme.*

généralement tout ce qui sera trouvé dans la Maison mortuaire, n'y seront cependant pas compris les Catheux dépendans ou existans sur les Biens et Terres, tenans côté et ligne de chacun d'eux, ce par dessus la juste moitié de tous les Conquêts qui seront faits durant le Mariage, et pareille moitié de l'argent comptant, et ulterieus Biens mobiliers et l'usufruit desdits Conquets selon Coûtume.

CLAUSE LITIGIEUSE.

M Aer, *in zoo vetre het zelve Huywe-*
» *lyck quaeme te scheeden zonder kinde-*
» *ren gebooren ofte apparent gebooren, is*
» *in dien gevalle* den wille ende verstand
» van Partyen Contractanten , *als* con-
» ditie van het zelve hun aenstaende
» Huywelyk, dat den langst-levenden
» ofte langst-levende *VAN HUN BEYDE*
» *IN VOLLEN EYGENDOM ENDE PRO-*
» *PRIETEYT ZAL HEBBEN ENDE BE-*
» *HOUDEN alle generaelyk de Goederen*
» *van den Sterf-huyze, zoo meubele als*
» *immeubele , actien , baeten ende crediten*
» niet uytgesteken nochte gereserveert,
» *indervoegen dat in den gevalle van geen*
» *Kind ofte Kinderen, zal plaetse hebben*
» *de Conditie en Bespreek VAN LANGST*
» *LEEFT AL,* wel verstaende nochtans dat
» *naer den overlyden van den langstleven-*
» *den van hun beede, de Hoirs van den*
» *eerst overledene zullen mogen deelen* (b)
» *ende profiteren de immeubele Goederen,*
» *de welke* ten tyde van het overlyden
» van de tweede overledene, als geko-
» men van de zyde van d'eerste over-
» leden, *NOCHTE ZOUDE EXTEREN EN-*
» *DE MOGEN IN WEZEN ZYN,* (c) ZON-

MAis, si ledit Mariage vint à se dissoudre sans Enfans nés ou apparence d'en naître, dans ce cas, *la volonté et l'esprit des Parties contractantes est, comme Condition de leur dit futur Maria-ge, que* LE SURVIVANT OU LA SURVI-VANTE D'EUX DEUX, AURA ET RETIEN-DRA EN PLEIN DOMAINE ET PROPRIÉ-TÉ, généralement tous les Biens de la Maison mortuaire, tant Meubles qu'Immeubles, Actions, Profits et Cré-ances, *rien exepté, ni réservé*, de fa-çon que dans le cas de non Enfant où Enfans aura lieu la Condition et Clause AU SURVIVANT LE TOUT, bien entendu cependant qu'après le décès du Survivant d'eux deux, les Héri-tiers du prédécédé pourront hériter (b) et profiter les Biens immeubles, lesquels *au tems de la mort du second décédé, comme venus du côté du prédé-cédé* EXISTERAIENT ENCORE et POUR-RAIENT ETRE EN NATURE , (c) SANS

(*b*) Malgré que les Héritiers d'*Isabelle Claesman* ont déjà suffisament demontré dans la réfutation qu'ils ont publiée en l'an 7., que le terme *deelen*, ne peut jamais signifier *hériter*, mais qu'il veut dire *partager*, ce qu'on *a déjà hérité*, les Héritiers *Dbont* restent néanmoins toujours également opiniâtres dans leur Traduction infidele, parcequ'ils trouvent que le mot *hériter* leur pourroit être plus favorable ; ce qui prouve bien leur mauvaise foi.

(*c*) Cette Traduction *et pourraient être en nature* est également très infidele et faite par les Héritiers *Dbont* , à dessein d'obtenir des avis favorables qui puissent colorer l'usurpation d'une succession, qu'ils veulent ravir aux Héritiers légaux d'*Isabelle Claesman* , comme il a encore été dit dans la réfutation susmentionnée ; car chacun conviendra et tous les Vocabulaires le prouvent que le mot *exister* signifie en flamand *in wezen zyn*, et HUYGENS dans son Notaire Belgique page 394, parlant des mots Batardés, qui sont le plus usités en pratique, dit : sur les mots *existeren et exteren* qu'ils signifient *in wezen zyn*, son autorité est appuyée

" *DER TOT IETS ANDERS OPTE VOOR-*
" *DERS TE KONNEN GERECHT WEZEN,*
" *mits de conditie van LANGST LEEFT*
" *AL, buyten de immeubele Goederen ALS-*
" *DAN IN WEZEN van d'eerste overlede-*
" *ne te bevinden, in het regard van alle*
" *andere ende voordere Goederen, zal*
" *moeten* zyn effect ende uytwerkinge
" hebben. *Aldus gedaen ende gepasseert*
" *binnen de voornoemde Stede van Brug-*
" *ge op den acht-en-twintigsten Juny ze-*
" *venthien hondert zestig ter presentie van*
" *den voorschreven Heer Assistent ende*
" *Joncker* Charles Fourbisseur, *die de*
" *minute van dezen geschreven op Zegel*
" *van zes guldens, beneffens den voor-*
" *noemden Heer ende Vrouw Comparante,*
" *ende Ons onderschrevene Notarissen,*
" *berustende onder den eersten Notaris tot*
" *meerder vastigheyd respectivelyck heb-*
" *ben onderteekend,* quod attestamur,
" *waeren onderteekend* B. Boone *Not.*
" 1760., J. Ryelandt *Not.*

AVOIR DROIT à QUELQUE CHOSE DE PLUS,
puisque la Condition AU SURVIVANT
LE TOUT, hormis les Biens immeubles
du prédécédé LORS EN NATURE, devra
à l'égard de tous autres et ulterieurs
Biens, *avoir son effet et exécution.* Ainsi fait et passé dans la susdite Ville
de Bruges, le vingt-huit Juin mil sept-
cent-soixante en présence du Sieur
Assistant et de *Charles Fourbisseur,*
Écuyer, qui ont signé la Minute du
présent, écrit sur Papier timbré de
six florins, avec ledit Sieur et Dame
comparans, et Nous Notaires soussignés, i-celle demeurée dans l'étude du
premier de nous, *quod attestamur,*
étaient signés *B. Boone,* Notaire 1760,
J. Ryelandt Notaire.

L'orsqu'on examine avec impartialité, la traduction qui precéde, l'on ne pourra disconvenir qu'elle n'est très inexacte et infidele en plusieurs endroits, notamment où les Héritiers *Dhont* ont trouvé qu'il est de leur intérêt de changer et d'alterer le sens et la vraie signification en leur faveur, comme quelques remarques qui precédent l'ont déjà demontré. C'est pourquoi l'on a jugé necessaire de placer ici une exacte et fidele traduction de ce prétendu Contrat de mariage, comme suit :

"COMPARURENT devant nous *Bauduin Boone* et *Joseph Ryelandt,* Notaires Pu-
" blics, residans en la ville de Bruges, admis à cet exercice par Hauts et Puis-
" sans Seigneurs, Messeigneurs du Conseil de sa Majesté ordonné en Flandre,
" en personne le Sieur *Charles Dhont,* Fils du Sieur *Pierre,* procréé de Demoiselle

par celles des principaux auteurs flamands, entre autres HUGUES DE GROOT, HOOFT et VONDELS; voyez encore le nouveau Dictionnaire Français-allemand et Allemand-français, imprimé à *Strasbourg* en 1782, au mot *exister, in wesen seyn,* de sorte que les futurs époux en employant conjoinctivement les mots *exteren ende in wezen zyn,* ont proferé deux parfaits synonimes, ou pour mieux dire, qu'ils ont employé deux fois le même mot, une fois en français et une seconde fois en flamand, chose très usitée dans le style d'affaires des Flamands, et que les futurs époux ont encore adopté dans ce même Contrat, à l'égard des termes *eygendom* et *proprieteyt, conditie* et *bespreek,* etc.

De quel droit donc les Héritiers *Dhont* ajoutent-ils au terme *exister* ceux *être en nature?* rien sans doute ne les autorise à ajouter des mots à ceux dont se sont servis les futurs époux, et encore moins à alterer des termes et à donner à des mots qu'ils ajoutent une signification arbitraire.

» *Isabelle de Smet*, garçon majeur par âge competent, à ce néanmoins assisté
» de Maître *Jacques Dhont*, Licencié en medecine son Frere, futur Époux d'u-
» ne part, et Mademoiselle *Isabelle Claesman*, Fille de Messire *Albert*, procréée
» de Dame *Isabelle - Josephe Trappequiers*, jeune Fille aussi majeure par âge com-
» petant, lesquels comparens donnaient à connaître, que Mariage entr'eux est
» apparent, s'il peut avoir suite d'après les Lois, ordonnances et statuts de no-
» tre Mere, la Sainte Église Catholique Romaine, en quel cas, avant aucun lien
» et promesse d'i-celui futur Mariage ils ont entr'eux stipulé et conditionné les
» points et conditions suivans. »

» Savoir : que si du futur Mariage, il viendroit à rester Enfant ou Enfans, en
» pareil cas tous les biens Immeubles et ceux reputés tels, à apporter en Mariage
» par chacun d'eux ou qui durant i-celui leur succéderont ou échéront de quel chef
» ou à quel titre que ce puisse être suivront selon la coutume du Pays du Franc
» le côté et ligne d'où ils sont venus, sauf que le survivant d'eux deux aura en
» tel cas la pleine jouissance desdits biens propres et de tous autres biens qui
» pourroient autrement écheoir ou succéder audit Enfant, ou auxdits Enfans de
» qui que ce puisse être, et ce jusqu'à la parfaite majorité dudit Enfant ou En-
» fans, et dès lors le survivant ou la survivante aura et jouira sa vie durant à
» titre d'usufruit et de Douaire la juste moitié de tout le revenu des mêmes biens,
» ce néanmoins dans l'Esprit et restriction comme il sera dit ci-après, et dans le
» même cas le survivant n'aura pas moins et conservera en outre tous les meubles
» et catheux à trouver dans la mortuaire, tels que ses Habits, Linges, Laines,
» Argenteries et Joyaux, ensemble tous les meubles meublans, enfin générale-
» ment tout ce qui sera trouvé dans la mortuaire, parmi quoi cependant ne se-
» ront compris aucuns catheux allans ou existans sur les biens ou terres tenans
» côté et ligne de chacun d'eux ce outre la juste moitié de tous les conquêts qui
» seront faits durant le Mariage, et pareille motié des deniers comptans et d'ul-
» térieurs biens mobiliers et usufruits desdits conquêts selon coutume. »

» Mais, si lédit Mariage venoit à se dissoudre sans Enfans nés ou sans appa-
» rence d'en naitre, dans ce cas l'Esprit et la volonté des parties contractantes
» est comme condition de leur dit futur Mariage, que le survivant ou la survivan-
» te d'eux deux aura et retiendra en pleine propriété généralement tous les biens
» de la mortuaire, tant meubles qu'immeubles, actions profits et créances rien
» excepté ni reservé, de sorte que dans le cas de non Enfant ou Enfans aura lieu
» la condition, au survivant le tout, bien entendu cependant qu'après le décès
» du survivant d'eux deux, les héritiers du premourant pourront partager et pro-
» fiter les biens immeubles qui au tems de la mort du second décédé, comme
» venus du côté du predécédé pourroient encore exister, sans pouvoir avoir
» droit à quelque chose d'autre ou de plus, puisque la condition d'au survivant
» le tout, hormis les biens immeubles du predécédé à trouver alors existans, de-
» vra à l'egard de tous autres et ultérieurs biens avoir son effet et exécution.
» Ainsi fait et passé dans la susdite ville de Bruges, ce vingt-huit Juin mil sept-
» cent-soixante, en présence dudit Sieur assistant et de *Charles Fourbisseur* écu-
» yer, qui avec lesdits Sieur et Dame comparans et nous Notaires soussignés,
» ont respectivement signé pour plus grande securité la minute du présent, écri-
» te sur papier timbré de six florins, demeurée sous le premier Notaire, *quod*
» *attestamur*, étaient signés, *B. Boone* Not. 1760 *J. Ryelandt* Not.

B

De ce prétendu contrat resultent plusieurs questions que les héritiers d'*Isabelle Claesman*, ont soumises à différentes époques aux déliberations de plusieurs Jurisconsultes les plus renommés de la Belgique, savoir après la mort d'*Isabelle Claesman*, puis après celle de *Charles Dhont*.

C'est le Recueil de leurs Réponses qui forme l'objet du présent Ouvrage.

PREMIERE PARTIE.

*Consultations rendues après la mort d'*Isabelle Claesman*, sur les deux premieres questions.*

PREMIERE QUESTION.

*O*F de laste clausule van het voorschreven contract, behelsende : "dat naer den over- » lyden van beede de contractanten, de hoirs van d'eerst overledene zullen mo- » gen deelen en profiteren de immeubele goederen, de welke ten tyde van het » overlyden van de tweede overleden als gekomen van de zyde van d'eerste » overleden nogh zouden extéren en mogen in wezen zyn, etc." *niet en bestaet in eene exceptie van de eerste clausule van* LANGST LEEFT AL?

Si la derniere clause du contrat qui précéde, contenant : " qu'après le décès du » survivant d'eux deux, les héritiers du premourant pourront partager et profiter les » biens immeubles qui au tems de la mort du second décédé, comme venus du côté du » predécédé pourroient encore exister, etc. " ne consiste point dans une exception de la premiere clause de *Tout au dernier vivant*?

DEUXIEME QUESTION.

Of het in de faculteyt is van den langst-levenden A. (Charles Dhont,) *de immeubele goederen by* B. (Isabelle Claesman,) *van haere zyde achtergelaeten te veralieneren ende converteren in andere goederen, ten eynde van de zelve ofte het surrogaet in de weirde van diere aen zig zelven te approprieren, en tot zyne hoirs te doen overgaen in preju- ditie der hoirs van* B. *en hoe deze in die omstandigheden behooren te werk te gaen?*

S'il est au pouvoir du survivant *A.* (*Charles Dhont,*) d'aliéner et convertir en d'autres biens les immeubles delaissés de son côté par *B.* (*Isabelle Claesman,*) afin de s'approprier et de transmettre à ses héritiers les mêmes biens ou leur subrogé dans la valeur d'i-ceux au préjudice des héritiers de *B.* et comment ceux-ci doivent agir dans ces circonstances?

PREMIERE CONSULTATION,

De L. DE CRIDTS, en son vivant premier Conseiller Pensionnaire et greffier de la chambre de la ville de Bruges.

GEsien den annexen casus ende het contract van Huywelycke daer by vermelt, ende op
alles rypelyk gelet, t'advys is dat by craghte van de modificatie geapposeert aen de
clausule van LANGST LEVENDE AL, te weten op de reserve van de immeubele goederen
gecommen van de syde van den eerst overleden de welke ten overlyden van den langst-
levenden NOCH ZOUDEN EXTEREN ENDE MOGEN IN WEZEN ZYN, den langst-leven-
den A. niet en can verstaen, worden geäuthoriseert te wesen omme de immeubele goede-
ren by B. van haere syde achtergelaeten, te veralieneren ende buyten wesen te bringen
ten eynde van sig selven daer mede te benificieren ende de weerde van dien aen hem
te approprieren ;

Eerst op het fondament van het verbodt van costume volgens welke het aen Man en-
de Vrauwe naer bant van Huywelycke niet geoorlooft en is elckandere te verschoo-
nen; waer onder dat ook word geconprehendeert het verbod van by antenuptieel con-
tract conditien te maeken by de welke dat de contractanten hun de faculteyt reserveren
van naer band ofte dissolutie van den Huywelycke elckanderen, ofte elck sig selven,
uyt de goederen van den anderen pro libitu te avantageren;

Ende ten tweeden op het fondament dat de gesublinieerde clausule, " wel verstaen-
" de nogtans dat naer den overlyden van den langst-levenden van hun beede de
" hoirs van de eerst overledene sullen mogen deelen en profiteren de immeube-
" le goederen de welke ten tyde van den tweeden overleden als gecommen van
" de zyde van den eerst overleden, nog souden exteren ende mogen in wesen
" zyn, " *is eene fideicommiſſaire clausule, by de welke dat de hoirs van den eerst over-*
leden, tot de successie van de immeubele goederen by hem ofte haer aghtergelaeten
fiducialiter worden geropen, ende den langstlevenden verplight die goederen naer syn
overlyden aen hun te laeten volgen.

Wat het eerste aengaet, het is seker, dat alswanneer het in de faculteyt soude we-
sen van A. van de immeubele goederen by B. achtergelaeten, aen sig te approprieren by
middel van de selve te veralieneren ende veranderen van nature, het over sulcx in sy-
ne faculteyt soude syn van naer band en dissolutie van Huywelyck sig selven uyt die
goederen van synne overledene Huys-vrauwe te avantageren ofte niet te avantageren,
veele ofte weynig, naer proportie dat synen baet-sught soude dicteren, het welcke stry-
dig soude wesen aen het voorseyde verbod van costume, ende niet meer en can bestaen
als dat de contractanten by hunne voorwaerde souden geseyd hebben dat den langst-le-
venden soude de faculteyt hebben van uyt de immeubele goederen van den eerst overle-
den sig selven te avantageren volgens syn goetduncken, ende evengelyck als dat niet
en soude connen bestaen eene conditie by de welke dat den langstlevenden meester sou-
de worden gemaekt van uyt de comptante penningen, meubilaire effecten ofte andere
goederen van den sterf-huyse soo veele aen sigh te approprieren als het hem soude be-
lieven, alle het welke in substantie op een uytcomt, ende sig refereert tot eenen tyde

dat het aen de contractanten niet meer liber en soude wesen, den eenen aen den anderen eenige voordeelen uyt de voorschreven goederen te doen, ende vervolgens nog min liber moet syn van te laeten aen het arbitrium *van den langst-levenden alleene, van uyt de goederen van den eerst overleden, aen hem soo veele toe te eygenen als het hem belieft; waer op eensweegs applicabel is het* 72.^e *arrest gerapporteert by den Heer* Du Laury, *onder het welke in observantie word gestelt* quod paria sint aliquid fieri tempore prohibito, aut conferri in tempus prohibitum. *Dusdaniglyk dat de voordeelen by contracte van Huywelyck ondersproken, moeten wesen determinaet, ende vervolgens determineren of den langst-levenden absolutelyck in alle de goederen van de eerst sterfvende* eo ipso *met haere dood gesaisiert word, ofte wel dat die overgaen aen haere hoirs, sonder dat het can afhangende gemaekt worden van het simpel* arbitrium *van den langst-levenden van 's overledens hoirs in die goederen te aenveerden ofte niet te aenveerden;*

A. *by middel van dese goederen te veralieneren ende van nature te veranderen, in het voordaght van de selve ofte de weerde van diere daer door aen sig te approprieren, erkent genoegsaem dat de selve daer sonder, en sonder syn particulier toedoen, de synne niet en souden syn, en vervolgens dat hy de selve niet directelyck* nec pure nec simpliciter *en heeft door de taxative cragt en de traditie van syn Huwelyckx-contract, volgens het welke de selve in wesen synde souden moeten volgen aen de hoirs van* **B.**, *nemaer door syn particulier fait ende gebruyck van indirecte middelen ende stratagemen, by cragte van het* pretens arbitrium *aen hem gelaeten tot frustratie van de hoirs van* **B.**, *die in tegendeel by het selve Contract tot dese goederen zyn geropen.*

Wat nu aengaet het tweede motif, het is indisputabel ende in regte decisyf, dat de clausule by de welke in eenig Testament ofte Contract geseyt word, dat het gene dat van 's testateurs ofte donateurs successie sal over syn ten overlyden van den geinstitueerden ofte begiftigden, volgen sal aen dien ofte dien, vervat een fideicommis, *ende dat den* fiduciarius *de goederen van die fideicommissaire successie ofte donatie niet veralieneren en can in prejuditie van den fideicommifsaris sonder wettige oorsaeke, selfs alwaer het soo dat den gever hem daer toe expres consent hadde gegeven, het welke maer verstaen en can worden uytwerkinge te konnen hebben in de cafsen van wettelyke oorsaeke, om dat het selve andersints soude tegenstryden aen de wesentheyd van het* fideicommis *de* 54.^e wet ff. adsenat. consult. trebel. *is ten poincte claer;* Titius rogatus est quod ex hereditate superfuisset mævio restituere, quod medio tempore alienatum vel diminutum est, ita quandoque peti non poterit, si non intervertendi fideicommissi gratiâ tale quid factum probetur; verbis enim fideicommissi bonam fidem inesse constat; *waer in* argumento in contrario sensu, *besloten ligt dat de alienatien gedaen* fideicommissi intervertendi gratiâ, *als tegen de goede trauwe gedaen, quaed ende aen repetitie onderworpen syn, soo als leeren de vermaerste autheuren, schryvende op de selve wet; dan voor soo veele als dat men daer jegens soude connen opworpen de* 108. novelle cap. 1., *by de welke dat aen diergelycken* fiduciarius *ofte gedonateerden, maer gelast en word tot een vierde voor den fideicommifsaris te conserveren, welke genoemt word de* Trebelliane, *ende aen den begiftigden toegelaeten van met de drye ander vierde synen wille te doen;* Voet ad pandi lib. 36. tit. 1. n.º 54., *segt ten aensiene van de selve novelle:* quod moribus nostris magis sit, ut factæ per fiduciarium dolosæ donationes fideicommissi intervertendi ac fideicommissarii fraudandi causâ, probandæ non sint: cum ita malitiis porta pateret, et fiduciarius suæ studens cognationi, facile usque ad dodrantem liberalitate in suæ lineæ propinquos collatâ, patrimonii ex fideicommissi restituendi massam dolo malo esset imminuturus. Sic certe papinianus autor est, id quod medio tempore alienatum vel diminutum est, ita peti non posse per fideicommissarium, si non intervertendi fideicommissi causâ tale quid factum probetur: verbis enim fideicommissi bonam fidem et arbitrium boni viri ex divi marci decreto inesse. Dictæ L. 54. ff. ad S. C. trebel. et L. 3. §. 2. ff. de usuris. *Dogh welke difsentie tufschen de voorschreven novelle ende de geciteerde 54. Wet ff. ad S. C. trebel. ook andersints schynt weynig te moeten ambarafseren, eerst als men considereert dàt de gemelde novelle maer en spreekt in het geval dat alle de fideigecommitteerde goederen tot op een vierde naer reclyk souden wesen geabsorbeert, ende ten tweeden dat die by liberale giften aen 's gedonateerdens vrienden ofte andersints buytten de mafse van synne substantie souden wesen gestelt; want wat het eerste aengaet, daer en is tufschen de Doctoren geene controversie nogte twyffel of alle dat van de fideigecommitteerde goederen meer soude mogen overgebleven syn als tot concurentie van het voorseyde vierde ofte trebelliane, ook in den sin van de voorschreven novelle aen de fideicommifsarifsen soude moeten volgen. En wat het tweede aengaet men siet niet dat A. sig van de goederen by B. achtergelaeten ontmaekt by liberale ofte difsipatoire acten, nemaer dat hy sig van de zelve eeniglyck ontmaekt ten profitabelen tytel van vercopinge*, fideicommissi intervertendi ac fideicommissarii fraudandi causâ, *omme met de coop-penningen van diere andere goederen te acquireren, soo dat het niet te beduchten en is (in de situatie van de opulente fortune wanof A. jouifseert) dat t' synder overlyden het valeur van die veralieneerde goederen in de mafse van synne substantie niet sal bevonden worden, wies aengaende den voornoemden* Voet loco citato *leert, datter geen onderscheyd te maeken en is, of die fideicommifsaire goederen bevonden worden over te schieten in nature ofte in equivalent,* nec interest, *segt hy,* utrum ipsa pecunia aut corpora hereditaria ad huc apud fiduciarium existant, an in corum locum alia surrogata sint: nam si de pretio rerum venditarum, alias comparaverit, diminuissi quæ vendidit non videtur, sed quod inde comparatum est, vice Dominii permutati restituctur: idemque servandum si proprios creditores ex ea pecunia demiserit, eo quod non absumptum intelligitur quod in corpore patrimonii retinetur L. 70. § ult. LL. 71. et 72. ff. de legat. 2.º

Wat aengaet de triboniane wanof Voet *ter geciteerde plaetse ook handelt in faveure van den fiduciarius, den onderschreven oordeelt dat de selve volgens onse vlaemsche Jurisprudentie niet meer voor als tegen den fiduciarius wercken en can, om dat onse costumen in plaetse van dien bepaelen hoe verre dat iemant by institutie ende substitutie, dat is by legate ofte* mortis causâ, *disponeren magh, ende ten aensiene van alle andere acten de welke syn van het liber dispositie van de contractanten ofte donateurs, is het hun ook liber van de selve in het geheele te vinculeren met het last van fideicommis, in welke beede gevallen alle dat aen het fideicommis onderworpen is, aen geene de minste detractie subject en can syn, ten waere alleenelyk in de cafsen by de Wetten specialyck uytgesondert, dat is alswanneer den fiduciarius gevraegt synde om de overschietende fiduciaire goederen te restitueren ofte naer syn overlyden te laeten overgaen naer de hoirs van den fideicommittent, noodig soude hebben in syn leven danof af te doen om naer synen staet ende conditie eerelyk te connen leven, het welke volgens costume nogh niet vry en soude wesen van tegensegh,*

Dog A. en is hier in dat cas niet, ende mits dien is hier alleene questie van te ondersoucken tot hoe verre dat A. ende B. by hun Huywelyckx contract t'elkanders voordeele cum effectu *gedisponeert hebben ofte niet, sulcx dat soo verre als sy t'elkanders voordeele* cum effectu et licite *gedisponeert hebben, ende tot soo verre als sy overgelae-*

ten hebben voor hunne respective hoirs, nogte van d'eene nogte van d'ander zyde eenige detractie en can plaetse hebben,

De geciteerde 54. wet ff. ad S. C. trebel. *met meer ander decideren, dat de stipulatie van het gonne dat van 's testateurs ofte donateurs goederen sal overblyven ten overlyden van den begiftighden, te laeten ofte te sullen volgen aen d'hoirs van den gever ofte testateur, bestaet in eene soorte van* fideicommis ; *de reghten leeren ook datter geene distinctie en is tot de subsistentie van den fideicommissen, weder dat de selve by precaire aensoukingen ofte wel in despotique termen worden geconcipieert, ende volgens onse costumen ende Jurisprudentie moeten fideicommissen ongeschonden aen de fideigecommitteerde volgen.*

Bovendien Voet *tracteert de hiervooren geciteerde novelle* 108. *voor eene wet die by ons geene plaetse en heeft, alswanneer hy zegt :* quid moribus nostris magis sit ; *hy houd de alienatien* fideicommissi intervertendi et fideicommissarii fraudandi causâ *voor* doleus. *De hiervooren beropen* 54 wet ff. ad trebel. *verclaert de selve quaedtrauwig, ende decideert* si quid tale factum probetur id quod alienatum vel diminutum per fideicommissarium peti posse, A. *en can geen ander motyf hebben om de immeubele goederen by* B. *achtergelaeten te veralieneren, als* fideicommissi intervertendi et fideicommissarii fraudandi causâ, itaque contra verba fideicommissi, quibus bonam fidem inesse leges dictant ; *ende het is in regte voorders gedecideert* quod dolus, fraus et mala fides nemini patrocinentur, et quod ex iis nemo lucrum capere possit.

Op alle welcke principien den onderschreven vastelyk oordeelt dat A. *door syn gedrag geen het minste prejuditie en can toebringen aen d'hoirs van* B. *ten opsighte van haere achtergelaeten immeubele goederen tot de welke dat de selve hoirs by het Huywelykx contract van* A. *ende* B. *fiducialiter ingelaeten en geropen zyn.*

Voet *rapporteert voorders dat het in eenige provincien in gebruycke is dat Man ende Vrauwe stipuleren aen den langstlevenden de Jouïssance van generalyk alle de goederen ter dissolutie achtergelaeten, op conditie dat ten overlyden van den langstlevenden de hoirs van wederzyden half en half sullen deelen alle de goederen die t'synnen sterf-huyse sullen overblyven, welke contracten worden gehouden voor valide, ende aen den langstlevenden midellertydt laeten de liberteyt van de selve goederen* pro libitu *te distraheren.*

Maer dat cas is heel verschillig van het voorhandig, in dat cas word de gemeensaemheyd conjugale virtualiter geprotraheert tot den overlyden van den langst-levenden, alle dat den langst-levenden alieneert, wegsmyt, ofte dissipeert, doet hy soo wel t'synder eygen schaede ende van synne eygen hoirs ; als tot schaede van de hoirs van den eerst overledenen, nemo præsumitur suum velle jactari, *ende daer teghen alle de acquisitien ende conquesten die hy doet, doet hy soo wel voor de hoirs van de eerst overledenen als voor syn selven ende voor synne eygen hoirs, de baete staet neffens de schaede, en het cas word gereputeert al of Man ende Vrauwe op eenen en den selfsten dag waeren overleden.*

Het cas voor handen is van eene heel opposite nature, ende gelyckerwys dat men meent hier vooren aengetoont te hebben dat de hoirs van B. *ten overlyden van* A. *absolutelyck sullen gereght zyn tot alle de immeubele goederen by* B. *achtergelaeten, weder dat de selve in het sterf-huys van* A. *in nateure ofte in valeure sullen bevonden worden te exteren, soo is het besluyt voorders dat d'hoirs van* B. *van nu afgereght syn van* A. *te compelleren tot overgeven staet en den inventaris ten sterf-huyse van* B. *om te sien waer in dat de selve goederen bestaen, ende dat die in hun prejuditie niet en souden worden gealieneert.* (1)

Aldus geadvyseert in Brugghe den 10 January 1771.

Onderteekend L. DE CRIDTS.

---

(1) Voyez la note du Rédacteur, ci-après Pag. 14.

T R A D U C T I O N. (*)

.Vu le cas ci-annex et le Contrat de Mariage y mentionné, et sur le toùt mûrement reflechi ; l'avis est qu'en vertu de la modification apposée à la clause de TOUT AU DERNIER VIVANT, savoir sous la reserve des biens immeubles venus du côté du predécédé, qui à la mort du survivant POURROIENT ENCORE EXISTER, le survivant *A.* ne peut être censé, être autorisé à l'effet d'aliéner les biens immeubles delaissés par *B.* venus de son côté, et les convertir en d'autres biens, afin de s'enrichir et de s'approprier la valeur d'iceux ;

Premierement sur le fondement de la prohibition coûtumiere, d'après laquelle il n'est permi aux Époux de s'avantager après le lien du Mariage, parmi quoi est aussi comprise, la défense de faire telles conditions par contrat antenuptiel par lesquelles les contractans se reservent la faculté de s'avantager mutuellement *pro libitu*, ou chacun soi-même, hors les biens de l'autre, après le lien ou la dissolution du Mariage.

Et en second lieu sur le fondement que la clause subliniée, " *Bien entendu cependant* " *qu'après le décès du survivant d'eux deux, les héritiers du premourant pourront parta-* " *ger et profiter les biens immeubles, qui au tems de la mort du second décédé comme ve-* " *nus du côté du predécédé pourroient encore exister,* " est une clause fideicommissaire, par laquelle les héritiers du premourant sont appellés fiduciairement à la succession immobiliaire et qui oblige le survivant de la leur laisser suivre après sa mort.

Quant au premier, il est certain que lorsqu'il seroit dans la faculté d'*A* de s'approprier les immeubles delaissés par *B.* moyennant de les aliéner et de les changer de nature, il auroit le pouvoir de s'avantager ou ne pas s'avantager lui-même peu ou beaucoup selon que son avidité le dicteroit hors les biens de sa défuncte Épouse, ce qui seroit contraire à la prohibition des coûtumes susdite, et ne peut subsister davantage, que si les contractans par leur contrat eussent dit, que le survivant auroit la faculté de s'avantager hors des biens immeubles du premourant pour autant qu'il le jugeroit à propos, et de même que ne pourroit être valide une condition par laquelle il seroit laissé au pouvoir du survivant de s'approprier autant qu'il lui plairoit des déniers comptans, effets mobiliers ou autres biens de la mortuaire, tout ce qui revient en substance au même, et se refere à un tems qu'il ne seroit plus libre aux contractans de s'avantager l'un l'autre hors desdits biens, et qu'il doit par conséquent encore moins être laissé au libre arbitre du survivant seul de s'approprier autant qu'il lui plait, sur quoi est applicable l'arret 72 rapporté par le Sieur *Du Laury* dans lequel on observe, *quod paria sint aliquid fieri tempore prohibito, aut conferri in tempus prohibitum :* de façon que les avantages stipulés par contrat de Mariage doivent être déterminés et par conséquent déterminer si le survivant est absolument saisi de tous les biens de la premourante *eo ipso* au moment de sa mort, ou bien si ces biens sont passés à ses héritiers, sans qu'on le puisse faire dépendre du simple arbitre du survivant, d'admettre dans ces biens les héritiers du predécédé ou ne pas les admettre.

(*) Pour ne rien perdre de la force de ces Consultations flamandes, on a cru devoir les traduire aussi litteralement qu'il étoit possible.

A moyennant d'aliéner ces biens, et de changer leur nature, dans la vue de se les approprier ou la valeur d'iceux, reconnoit assez que sans cela et sans la co-opération particuliere, ces biens ne lui appartiendroient pas, et partant qu'il ne les a pas directement *nec pure nec simpliciter*, par la seule vertu et tradition de son contrat de Mariage, d'après lequel les mêmes biens existans devroient suivre aux héritiers de *B*, mais bien par son fait particulier et par l'usage des moyens indirects et de stratagêmes, en vertu du pretendu *arbitrium* qui lui seroit laissé, afin d'en frustrer les héritiers de *B*. qui au contraire par le même contrat sont appellés à ces biens.

Quant au deuxieme motif il est indispensable et décisif en droit que la clause par laquelle il est dit dans quelque testament ou contrat, que ce qui restera encore de la succession du testateur ou du donateur au décès de l'institué ou du donataire suivra à un tel ou un tel, contient un *fideicommis*, et que le fiduciaire ne peut aliéner au préjudice du fideicommissaire les biens de la succession ou donation fideicommissaire, sans une cause légitime; même fut-il que le donateur y auroit expressement consenti, ce qui ne peut s'entendre d'avoir effet que dans le cas de la cause légitime, parcequ'autrement cela seroit contraire à la nature du *fidei commis*. La loi 54 *ff. adsenat. consult. trebel.* est claire sur le point; *Titius rogatus est quod ex hereditate superfuiset mævio restituere, quod medio tempore alienatum vel diminutum est, ita quandoque peti non poterit, si non intervertendi fideicommifsi gratiá tale quid factum probetur; verbis enim fideicommifsi bonam fidem inefse constat;* ce qui renferme *argumento in contrario sensu*, que les aliénations faites *fideicommifsi intervertendi gratiá*, comme faites contre la bonne foi, sont nulles et sujettes à répétition, comme enseignent les plus fameux auteurs commentaires de ladite loi; mais pour autant qu'on y pourroit objecter la *novelle 108 cap. 1* qui n'ordonne à tel fiduciaire ou donataire de conserver pour le fidei commissaire qu'un quart, qu'on nomme la Trebelliane et qui permet au donataire de disposer à son gré des trois autres quarts; *Voet ad pandi lib. 36. tit. 1. n°. 54.*, dit à l'égard de cette novelle: *quod moribus nostris magis sit ut factæ per fiduciarium dolosæ donationes fidei commifsi intervertendi ac fideicommifsarii fraudandi causá, probandæ non sint: cum ita malitiis porta pateret, et fiduciarius suæ studens cognationi, facile usque ad dodrantem liberalitate in suæ lineæ propinquos collatá, patrimonii ex fideicommifsi restituendi mafsam dolo malo efset imminuturus. Sic certe papinianus autor est, id quod medio tempore alienatum vel diminutum est, ita peti non pofse per fideicommifsarium, si non intervertendi fideicommifsi causá tale quid factum probetur: verbis enim fideicommifsi bonam fidem et arbitrium boni viri ex divi marci decreto inefse. Dictæ L. 54 ff. ad sen. cons. trebel. et L. 3. §. 2. ff. de usuris* quelle dissention cependant entre ladite novelle et la précitée loi *54 ff. ad S. C. trebel.* paroit aussi donner peu d'embarras, premierement, lorsqu'on considere que ladite novelle ne parle que dans le cas que tous les biens *fideicommifsés* à un quart de près seroient réellement absorbés, et secondement, que ces biens par donation gratuite, en faveur des parens du donataire ou autrement seroient portés hors la masse de sa substance, car pour ce qui regarde le premier, on ne trouve aucune controverse entre les docteurs, ni aucune doute ou tout ce qui pourroit être résidu des biens *fideicommifsés* au dessus dudit quart ou trebelliane, aussi dans le sens de ladite novelle devroit suivre aux fideicommissaires, et pour ce qui regarde le second on ne voit pas qu'*A* se defait des biens délaissés par *B*. par acte de libéralité ou de dissipation, mais qu'il s'en defait uniquement à titre lucratif de vente *fideicommifsi intervertendi ac fideicommifsarii frandandi causá*, pour acquerir avec les déniers de cette vente

d'autres biens de sorte qu'il n'est point à redouter (dans le cas de la fortune opulente dont *A.* jouit ;) qu'à son décès la valeur de ces biens aliénés ne se trouveroit pas dans la masse de sa succession, à quel égard le susdit *Voet loco citato*, enseigne qu'il n'y a aucune distinction à faire si ses biens *fideicommissés* se trouvent
restans en nature ou en équivalent, *nec interest*, dit-il, *utrum ipsa pecunia aut cor-*
pora hereditaria adhuc apud fiduciarium existant, an in eorum locum alia surrogata
sint, nam si de pretio rerum venditarum alias comparaverit diminuisse quæ vendidit
non videtur, sed quod inde comparatum est, vice dominii permutati restituetur, idem-
que servandum si proprios creditores ex eâ pecuniâ demiserit, eo quod non absumptum
intelligitur quod in corpore patrimonii retinetur L. 70. § ult. LL. 71. et 72. ff de legat 2°.

Pour ce qui regarde la trebelliane dont traite *Voet* à l'endroit cité en faveur du
fiduciaire, le soussigné estime que d'après notre jurisprudence flamande elle ne peut
opérer plus en faveur du fiduciaire que contre lui, parceque nos coûtumes au lieu
de cela limitent jusqu'où quelqu'un par institution et substition, c'est à dire, par legs
ou mortis causâ peut disposer ; et à l'égard de tous autres actes qui sont de la libre
disposition des contractans ou donateurs, il leur est également libre de les vin-
culer avec la charge de *fideicommis*, dans quels deux cas tout ce qui est de la nature d'un *fideicommis* n'est sujet à aucune déduction, hormis dans les seuls cas
par les lois spécialement exceptés, Savoir : lorsque le fiduciaire étant demandé à restituer les biens fiduciaires restans ou de les laisser passer après sa mort aux héritiers du *fideicommistant* auroit besoin pendant sa vie d'en ôter ou de les diminuer,
afin de pouvoir vivre honnêtement selon son état et condition, ce qui selon nos
coûtumes ne seroit pas encore exempt de contestation.

Mais *A.* n'est pas ici dans ce cas et par conséquent la seule question ici est de
savoir jusqu'où *A.* et *B.* par leur contrat de Mariage ont disposé avec effet ou
non en leur faveur mutuelle, de façon que pour autant qu'ils ont efficacément et
licitement disposé en faveur de l'un l'autre et pour autant qu'ils ont delaissé en
faveur de leurs héritiers respectifs, ni de l'un ni de l'autre côté, aucune déduction ne peut avoir lieu.

La precitée loi *54. ff. ad. S. C. trebel.* ainsi que plusieurs autres décident que la
stipulation de laisser suivre ce qui restera des biens du testateur ou donataire après
la mort du donataire aux héritiers du donateur ou testateur, consiste dans une espèce de *fideicommis* ; le droit écrit enseigne également qu'il n'y a aucune distinction
pour l'essence des *fideicommis*, soit conçus par demandes précaire, soit pas termes
despotiques, et suivant nos coûtumes et notre jurisprudence les *fideicommis* doivent suivre intacts au fideicommissaire.

De plus *Voet* traite la novelle 108 precitée pour une loi qui chez nous n'a
pas lieu, lorsqu'il dit : *quid moribus nostris magis sit :* il tient les aliénations *fidei-*
commissi intervertendi et fideicommissarii fraudandi causâ, pour frauduleuses, ladite
loi 54. *ff. ad. trebel.* les déclare malicieuses, et décide *quod si quid tale factum pro-*
betur id quod alienatum vel diminutum per fideicommissarium peti posse. A. ne peut
avoir d'autre motif pour aliéner les biens immeubles délaissés par *B.* que *fideicommissi*
intervertendi et fideicommissarii fraudandi causâ, itaque contra verba fideicommissi qui-
bus bonam fidem inesse leges dictant ; et de plus il décide en droit, *quod dolus, fraus*
et mala fides nemini patrocinentur, et quod ex iis nemo lucrum capere possit.

En vertu de tous quels principes le soussigné estime fermément qu' *A.* par

D

sa conduite ne peut porter le moindre préjudice aux héritiers de *B.* à l'égard des biens immeubles qu'elle a delaissés et auxquelles ses héritiers par son contrat de Mariage avec *B.* sont appelés fiducialiter.

Voet, rapporte en outre qu'il est d'usage dans quelques Provinces que les Époux stipulent en faveur du survivant la jouissance de généralement tous les biens delaissés à la dissolution du Mariage, à condition qu'à la mort du survivant les héritiers des deux côtés partageront chacun la moitié de tous les biens à trouver dans sa mortuaire, lesquels contrats sont tenus pour valides et laissent entre tems au survivant la faculté d'aliéner ces mêmes biens *pro libitu.*

Mais ce cas diffère entièrement du cas présent puisque dans celui-là, la communauté conjugale est virtuellement prolongée jusqu'au décès du survivant ; et tout ce que celui-ci aliéne, dilapide, ou dissipe, fait-il autant à son préjudice et de ses propres héritiers, qu'au préjudice des héritiers du premourant, *nemo præsumitur velle suum jactari* et en revanche toutes les acquisitions qu'il fait, il les fait aussi bien pour les héritiers du predécédé que pour lui même et ses propres héritiers, l'avantage se range à côté de la perte et le cas est reputé comme si les Époux seroient décédés le même jour.

Le cas dont il s'agit est d'une nature toute opposée et vu que l'on estime d'avoir démontré ci-dessus que les héritiers de *B.* au décès d'*A.* auront absolument droit à tous les biens immeubles delaissés par *B.* soit que dans la mortuaire d'*A.* ils se trouvent existans en nature, soit en valeur, la conclusion ultérieure est que les héritiers de *B.* dès à présent sont fondés d'obliger *A.* à la confection d'un état et inventaire de la mortuaire de *B.* pour connaitre la consistance des biens et pour qu'ils ne seroient point aliénés à leur préjudice. (2)

Ainsi avisé à Bruges le 10 Janvier 1771.

Signé *L. DE CRIDTS.*

---

(2) C'est conformément aux principes développés dans cette consultation et dans plusieurs autres qui suivent que le Conseil de Flandre a condamné *Charles Dhont*, par jugement du 3 juin 1775, à la confection d'un *Etat pertinent* des biens à la mortuaire d'*Isabelle Claesman* son Epouse, dont il appella au grand Conseil de Malines, qui par son arrêt du 14 novembre 1778, a confirmé ce premier jugement du Conseil en Flandre, ces deux pièces se trouvent sur la fin de ce volume.

Charles Dhont n'a donc pu éviter ces deux condamnations, quoiqu'il ait allegué au procès pour sa défense tous les argumens deduits tant au memoire anonyme que dans la consultation des jurisconsultes *Wartel* et *Lefebure* que les héritiers *Dhont* ont fait circuler dans le public; Ces deux jugemens forment un préjugé respectable en faveur des héritiers *Claesman*, car enfin (comme il a encore été dit ailleurs) si *Charles Dhont* eut été maître absolu des biens de son Epouse predécédée et que la clause *bien entendu etc.* ne renfermoit comme le prétendent les héritiers *Dhont* qu'un avantage purement eventuel laissé aux héritiers *Claesman* sous une condition potestative et dépendante de la seule volonté de *Charles Dhont*, celui-ci ne pourroit jamais être obligé à confectionner un état des biens de son Epouse pas plus que qui que ce soit ne peut être obligé durant sa vie de confectionner un état des biens à ses héritiers présomptifs parceque ceux ci ont l'expectative de les hériter, en cas que le défunt n'en eut pas disposé dans le système des héritiers *Dhont* ce n'eut été qu'à la mort de *Charles Dhont*, leur auteur qu'ils eussent pu être obligés d'exhiber un état des biens immeubles qui viennent du côté d'*Isabelle Claesman* que *Charles Dhont* eut bien voulu ne pas aliéner pour connaître par ce moyen la masse des immeubles restans que les héritiers *Claesman* pouvoient partager et profiter. Aussi est ce le principal argument que *Charles Dhont* a employé dans les deux procès susmentionnés, l'on a donc tout lieu de croire qu'il ne fera pas plus de fortune devant les Tribunaux actuels.

DEUXIEME CONSULTATION.

De THEODORE KESTELOOT en son vivant Conseiller
Pensionnaire et Greffier de la Trésorerie de la ville de Bruges.

GEsien by den onderschreven het voorenstaende contract van Huwelyk, en op alles
gelet; 'tadvys is dat A. noyt recht en heeft connen hebben tot de proprieteyt van de
immeubele goederen commende van de zyde van B. obsterende de hier vooren gesublinieerde clausule, ende consequentelyk dat aen de hoirs van B. niet alleenlyk volgen en
moet de proprieteyt van de voorseyde immeubele goederen by haer in nature achtergelaeten, maer boven dies door A. aen hun remplacement moet worden gedaen van de gonne
gedurende den Huwelyke veralieneert.

Dat A. noghte syne hoirs noyt recht van proprieteyt en connen pretenderen aen die
immeubele in natuere, en quatenus die nog gedurende den Huwelyke nog by hem naer
de diſsolutie van den selven Huwelyke en souden syn veralieneert, brenght de voorseyde clausule claerlyk mede.

Daer en soude dan maer questie connen syn van het surrogaet ofte provenu van diere,
quatenus die binnen Huwelyke door hem gesaemderhand met B. ofte naer de diſsolutie
van den Huwelyke by hem alleen souden syn veralieneert.

Maer als A. door die veralienatie gesaemderhand met B. gedurende Huwelyke, ofte
door de vercoopinge by hem alleen te doen naer de diſsolutie van den Huwelyke, sig
recht soude connen geven tot het gemelde provenu, men soude moeten seggen, dat het soo
notoir gebod van verschooninge tuſschen Man en Vrouwe naer band van Huwelyke
illusoir makelyk is, quod nemo dixerit.

Niet gevende in contratie het general besprek van LANGST LEEFT AL, in het contract
al vooren te bevinden, ende gerepeteert naer de reserve ofte exceptie van de immeubele,
de welke ten tyde van het overlyden van A. als gecommen van de zyde van B. nog
souden geexteert hebben: want schoon het gemelde general besprek sonder eenige reserve
ofte exceptie incontestabelyk soude hebben moeten opereren op alle de allodialen, omme
dat A. in dat geval sonder eenig syn ander toedoen ofte toedoen van B. naer band van
Huwelyke uyt crachte van het selve besprek alleene in alles soude gebleven hebben; soo
heeft nu de bovenschreve reserve in het contract van Huwelyke gestipuleert geeffectueert
dat A. noyt recht en heeft connen hebben tot de immeubele in nature gecommen van de
zyde van B. ende tot het provenu van diere en soude hy in syn systeme maer recht connen geacquireert hebben door syn toedoen naer band van Huwelyke, maer niet uyt crachte
van het contract alleene, ende men meent dat het van syn macht niet en is, nog van de
macht van B. geweest heeft naer band van Huwelyk door hun toedoen A. te verschoonen in prejuditie van d'hoirs van B.

Waer uyt volght dat de hoirs van B. souden dienen A. te interpelleren, ende dies
noodt in justitie te betrekken tot formeren ende overgeven bewys van de immeubele zyde

houdende goederen van B. *die ty nog in wesen met haere doodt heeft ontruymt, ende van het provenu van de gonna gedurende haer Huwelyk veralieneert, om het selve bewys gesien voordere conclusien te nemen.*

Aldus geadviseert in Brugge in January 1771.
onderteekent T. KESTELOOT.

TRADUCTION.

VU par le soussigné le contrat de Mariage qui precéde, et pésé le tout, l'avis est qu'*A.* n'a jamais pu avoir aucun droit à la propriété des biens immeubles venus du côté de *B.*, y etant obstative la clause subliniée qui precéde, et partant que non seulement ladite propriété des biens immeubles delaissés par *B.* en nature doit suivre à ses héritiers, mais de plus que ceux-ci ont droit de faire remplacer par *A.* ces biens qui seroient aliénés pendant le Mariage.

Que ni *A.* ni ses héritiers ne peuvent jamais pretendre la propriété de ces immeubles en nature, et pour autant que ni durant le Mariage ni après la dissolution d'icelui il ne les auroit aliénés, porte clairement ladite clause.

Il ne pourroit donc être question que du subrogat ou provenu d'iceux, *quatenus* ils seroient aliénés par lui pendant le Mariage conjointement avec *B.* ou après la dissolution du Mariage par lui seul;

Mais lorsqu'*A.* par cette aliénation durant le Mariage conjointement avec *B.* ou par la vente à faire par lui seul après la dissolution du Mariage pourroit se donner droit audit provenu, on devroit dire, que la prohibition tant notoire de s'avantager entre Époux après le lien du Mariage pourroit être rendue illusoire, *quod nemo dixerit.*

Non obstant au contraire la clause générale de TOUT AU DERNIER VIVANT qui se trouve d'abord dans le contrat et repetée après la reserve ou exception des immeubles qui lors du décés d'*A.* comme venus du côté de *B.* auroient encore existé, car quoique ladite clause générale auroit du opérer incontestablement sans aucune reserve ou exception sur tous les allodiaux, parceque dans ce cas *A.* sans aucune coopération de sa part ou de la part de *B.* en vertu de ladite clause seule seroit resté dans la possession de tout, néanmoins ladite reserve stipulée au contrat de Mariage a effectué, qu'*A.* n'a jamais pu avoir droit aux immeubles en nature venus du côté de *B.* et dans son système il n'auroit pu avoir acquit droit au provenu d'iceux que par son propre fait après le Mariage, mais non en vertu du contrat seul, et on estime qu'il n'est pas plus de son pouvoir qu'il n'a été de celui de *B.*, d'avantager *A.* par leur fait après le lien du Mariage au préjudice des héritiers de *B.*

D'où il resulte qu'il conviendroit que les héritiers de *B.* interpellent *A.* et que pour autant que besoin il l'attaquent en justice à l'effet de dresser et produire inventaire des biens immeubles propres de *B.* qu'elle a laissés existans à sa mort, et du provenu de ceux aliénés durant son Mariage, afin d'après avoir vu ledit inventaire prendre des conclusions ultérieures. (3)

Ainsi avisé à Bruges en Janvier 1771.
signé T. KESTELOOT.

(3) Voyez la note ci-devant Pag. 14.

TROISIEME CONSULTATION.

De J. PULINX en son vivant Conseiller et Advocat-fiscal au Conseil Provincial de Flandres.

GEsien by den onderschreven geconsulteerden het voorenstaende expositif, ende gelet op de vraegen daer uyt gedaen; 't advys is dat A. in executie van zyn contract antenuptieel de immeubele goederen gekomen van de zyde van B. gedeurende zyn leven als eygenaer ende proprietaris van diere mag aentrekken, om daer mede ter goeder trauwe ende als eenen goeden vader des huys-gezints zynen wille te doen, vermits de clausule by d'eerste vraege gesublinieert modificeert de gonne LANGST LEEFT AL, die daer zonder den voorzeyden A. zoude gemaekt hebben den volkomen Meester om zelfs met de gemelde goederen zyne zinnelykheyd te doen, maer mits hy is geobligeert aen de hoirs van B. te laeten volgen de immeuble goederen van haere zyde gekommen, de welke ten overlyden van A. zouden exteren ende in wesen zyn, doet A. te vergelyken aen den gonnen qui restituere rogatus est quod ex her;iditate superfuisset cum moreretur, a quo hoc tantum exigitur ut medio tempore bona fide vendat vel pignoret non in fraudem fideicommissarii L. 3. § 2. ff. de usuris L. 58. § ult. ff. ad senat. trebel. ofte gelyck zeght Cujatius ad dict. § ult. non in eversionem fideicommissi, non intervertendi fideicommissi causâ, non minuendi fideicommissi causâ malitiâ malâ, waer uyt volght dat aen A. niet georlooft en is de voorschreven goederen aen d'hoirs van B. by vercoopingen ofte andersints te ontrekken om met de weerde van diere ofte met andere gesurrogeerde goederen te verrycken syne hoirs, mits sulcks niet en kan geschieden sonder eversie, interversie ende vercortinge van d'expresse stipulatie immers sine fraude, & malitiâ malâ, maer is gehouden, de selve goederen ter goeder trauwen te conserveren voor de hoirs van B. op den voet soo hy conserveert syne eygene goederen voor syne hoirs, de welke daerom souden gehouden syn te redimeren alle de goederen die A. ter quaeder trauwe en met het voorseyde insight soude hebben gealieneert, waer uyt volgt dat de hoirs van B. gereght zyn om A. by behoorlycken staet te doen renseigneren alle de immeubele goederen van de syde van B. t'haeren overlyden gevonden, ten effecte ende om daer uyt te weten welke goederen ten overlyden van A. schuldigh syn te volgen aen de voorseyde hoirs, als mede welke dat A. gedeurende zyn leven sal hebben veralieneert, ende om te connen geinformeert zyn of die ter goeder of ter quaeder trauwe souder veralieneert zyn.

Aldus geadviseert tot Gendt den 18 Jannuary 1771.

Onderteekend, J. PULINX.

TRADUCTION.

LE soussigné ayant examiné l'exposé qui precéde et les demandes faites en conséquence, estime qu'*A.* peut en vertu de son contrat antenuptiel s'emparer pendant sa vie comme propriétaire les biens immeubles venus du côte de *B.* pour faire avec iceux sa volonté de bonne foi et comme un bon pere de famille, vu que la clause subliniée dans la premiere demande modifie celle de TOUT AU DERNIER VIVANT, qui sans cela auroit rendu *A* le maître absolu, même à l'effet de jouir de ces biens selon son caprice, mais puisqu'il est obligé de laisser suivre aux heritiers de *B.* les immeubles venus de son côté qui existiroient au décès d'*A.* celui-ci doit être assimilé à celui *qui restituere rogatus est quod ex hereditate superfuisset cum moreretur*, *à quo hoc tantum exigitur ut medio tempore bona fide vendat vel pignoret non in fraudem fideicommissarii L. 3. § 2. ff. de usuris L. 58. § ult. ad senat. trebel.* ou comme enseigne *Cujatius ad dict.* § *ult. non in eversionem fideicommissi non intervertendi fideicommissi causâ, non minuendi fideicommissi causâ, malitiâ malâ*; dont il résulte qu'il n'est pas permis à *A* de soustraire lesdits biens aux héritiers de *B* par vente ou autrement, pour enrichir ses propres héritiers avec le prix d'iceux ou autres biens subrogés, vu que celà ne peut s'effectuer sans éversion, interversion et diminution de la stipulation expresse, enfin *sine fraude et malitiâ malâ*, mais il est tenu de conserver ces biens de bonne foi pour les héritiers de *B* sur le même pied comme il conserve ses propres biens pour ses héritiers, qui pour cela seroient obligés de redimer tous les biens qu'*A* auroit aliénés de mauvaise foi et avec le dessein susdit; de quoi il résulte que les héritiers de *B* sont fondés d'obliger *A* à renseigner par un état pertinent tous les immeubles venus du côté de. *B.*, trouvés à sa mortuaire, à l'effet de connoître par là quels biens au décès de *A* doivent suivre auxdits héritiers, comme aussi ceux qu'*A* durant sa vie aura aliénés, et afin de pouvoir être informé, s'ils sont aliénés de bonne ou de mauvaise foi (4).

Ainsi avisé à Gand le 18 Janvier 1771.

Signé J. PULINX.

QUATRIEME CONSULTATION

Du Jurisconsulte J. BEYDENS, ci-devant Greffier
du Magistrat de St. Pierre à Gand.

G Esien by den onderschreven geconsulteerden den voorenstaenden casus, ende gelet op de vraegen daer uyt gedaen; 't Advys is dat aengezien het volgens de costuymen van den lande van den Vryen deel-boek, art. 66., de gonne van Brugge, tit. 3 art. 2., conforme aen meer andere van dezen lande toegelaeten is, voor eenig verband van Huywelyk te maeken, zulke contracten ende huywelyksche voorwaerden als het de contractanten goed dunkt, ende die schuldig zyn te sorteren effect, Dummodo rationi, æquitati bonisque moribus non repugnent neque statuto vel consuetudine sint reprobata, dum pacta conventa quæ neque dolo malo, neque adversus leges plebescita, senatus - consulta, principum edicta neque quo fraus cui eorum fiat servaturum se prætor pollicetur. L. 7. § 7. ff. de pactis. *'T gonne naementlyk plaetze moet vinden* in pactis autenuptialibus, quæ cæteris sunt fortiora et favorabiliora ut ait molin. cons. 39 n°. 11. *het aldus buyten twyffel is, dat* A *en* B *by hunne huywelyksche voorwaerde hebben moghen ende connen bespreken, dat in den voorval van dissolutie van Huywelycke zonder kinderen geboren ofte apparentelyk geboren te worden, den langhstlevenden ofte langhstlevende van hun, zoude blyven behouden in proprieteyt en*

____

(4) Voyez la note ci-devant, pag. 14.

vollen eyghendom alle de goederen zoo immeubele als meubele ende daer vooren gereputeert, comende van den cant ende zyde van de eerste overledene, 'tgone diesvolghende onteghensprekelyk zyn effect zoude moeten sorteren, by zoo verre uyt de claere enuntiatie ende bespreck by den contracte antenuptiael te bevinden, soude consteren dat dusdanigh is geweest den wille der contractanten, ende zy den langstlevenden van hun op dien voet hebben willen begiften, 'tgonne in 't cas voorhanden evidentelyk genoegh schynt te resulteren uyt de clausulen by de eerste vraeghe van den casus geciteert, ende dat daer mede de contractanten A *en* B *aen den langhstlevenden van hun meer hebben willen jonnen ende laeten behouden dan eenen simpelen usufruit ende blaedynghe der agter te laeten goederen, ende alsoo vervolghens de proprieteyt der zelve ; want het besprek, dat ten overlyden van den eenen ofte anderen van hun sal plaets en uytwerkynghe hebben, de conditie van* LANGST LEEFT AL *, ende naer de doodt van den langhstlevenden, de hoirs van den eerst overledenen te zullen moghen deelen 'tgonne nogh in wesen soude bevonden worden, al te enuntiatif is om tot de unique blaedynghe ofte usufruct te connen gerestringeert worden, maer ter contrarie geene andere interpretatie en can lyden dan by rapport van den eyghendom der naer te laeten goederen, naedemael het naer rechte constant is dat selfs eenen usufruct met expresse uytdrukkinghe van usufruct aen iemant gegeven ofte gelegateert wordende, noghtans met byvoeghinghe van eenighe conditien van restitutie naer de doodt, ofte verbodt van niet te veralieneren, sulckx verstaen ende gheinterpretteert word tot de effective proprieteyt, noghtans door de gedaene bespreken gemodificeert : gelyck zulckx met doorslaende reden in de beropen authoriteyt van wette leert* Voet, ad ff. de usuf. et quemad. etc. *alwaer hy verhandelende n°. 9. de questie* utrum ususfructus tantum legatus credatur, an vero plenum dominii jus, *zeght* ante med. sed et si ususfructus inveniatur legatus, sive rei singularis, sive totius hereditatis cum onere restituendi rem aut hereditatem tertio post obitum legatarii proprietatem magis cum onere fideicommissi, quam usumfructum in dubio dari credendum est, neque enim ratio patitur ut solius ususfructus legatario restituendi onus imponatur ; quippe qui morte suâ, sic ipso jure jus omne ususfructus amittit ut nihil ultra quod restituatur supersit, firmaturque hæc opinio legum verbis satis manifestis, puta L. ult. ff. de ususfr. ear. rer. quæ usu consum. L. 15 ff. de auro argent. legat. L. 39. ff. de usu et usufr. leg. atque insuper argumento a sensu contrario ex L. 25. ff. de usu et usufr. leg. *Ten welcken propooste den selven autheur ibidem n°. 10. voordere questien verhandelt ende in den selven gheest interpreteert, citerende in beede de voorseyde plaetsen het gelyck gevoelen van meer andere autheuren ende arresten.*

Zoo noghtans, dat de clausule van by de hoirs te sullen moghen deelen, etc. *maekt eene exceptie van het eerste bespreck* LANGST LEEFT AL *, ende behelst,* dominici juris diminutionem et minuit liberum rei arbitrium, *ende vervolghens ingevolghe de tweede gedaene vraeghe, het in de faculteyt niet en is van den langhstlevenden* A *, van de voorseyde goederen by* B *van haere zyde agtergelaeten te veralieneren ende converteren by coop van andere goederen ten eynde van de zelve hem te approprieren schoon zoo de hoirs maer en worden geropen tot 'tgone in wesen overig soude bevonden worden, ende alsoo soud het te verstaen doen aen* A *toegelaeten te wesen de faculteyt ten profyte van de gezeyde hoirs maer te laeten soo veele als het hem heeft goet gedocht niet buyten wesen te stellen, want de ghezeyde clausule behelst eene soorte van fideicommis even ghelyck de questie ende decisie in* L. 54. ff. ad sen. cons. trebel. *alwaer den juriscon-*sult papinianus *resolveert dat in dierghelycke fideicommissen van te restitueren* quidquid ex hereditate supererit bonam fidem et boni viri arbitrium inesse, *en gevolgentlyck by den fiduciarius geene veralienatien validelyck en connen ghedaen worden* in fraudem et minuendi intervertendive fideicommissi gratiâ, *maer eenighlyck de* *gonne die hy soude doen tot eene effective consumptie ende ghebruyck , mitsgaeders het onderhoud , treyn ende huyshouden op den voet, maniere ende luyster , soo als de beyde conjointen als nogh in leven waeren , soo noghtans dat de becostinghen ende lasten als mede de goederen die ten dien eynde souden moeten geconsommeert worden , niet en con-nen ghetrocken worden uyt de gefideicommitteerde mafse alleene,* sed pro rata patrimonii quod fiduciarius proprium habuit, distribui oportère, ut in dicta L. 54. et L. 25. § 16. ff. de hereditat. petit.; *Waer jeghens men niet en can objecteren de decisie besloten in de* novelle 108 cap. 1 *, voor soo veele de voorengeciteerde wetten daer door souden schynen geabrogeert te syn; want den Keyser* Justinianus *daer by eeniglyk* certiore modo *heeft ghedefinieert* quousque liceat bonâ fide fiduciario consumere ex rebus fidei commisso subjectis, *'t gonne by de gheciteerde* L. 54. et L. 25. dict. tit. *niet en was ghedetermineert* sed in ænigmate propositum, ut imperator loquitur, *ende alsoo maer eenighlyck ghedecideert de questie van reghte, dogh geensints verleent eene nieuwe decisie ten aensien van de doleuse veralienatien* minuendi fideicommissi gratiâ, *ende dat de selve aen den* fiduciarius *souden toegelaeten wesen onaengesien de selve gereprobeert waeren by de wetten hier vooren gheciteert, sulckx dat het inghevolghe de selve altydt decisif blyft, geene veralienatien en vermoghen ghedaen te worden by* fraude dol *ende met insight om 'het fideicommis te verminderen ofte interverteren , daerom* Voet ad ff. tit. ad senatusc. trebell. n°. 54. in med. *seght ten propooste van de gheciteerde novelle :* sed moribus hodiernis magis est ut factæ per fiduciarium dolosæ donationes fideicommissi intervertendi ac fideicommissarii fraudandi causâ pro-bandæ non sint, cum ita malitiis porta pateret, et fiduciarius suæ studens cognationi facile usque ad dodrantem liberalitate in suæ lineæ propinquos collatâ patrimonii ex fideicommisso restituendi massam dolo malo esset imminuturus.

By dien is het verre van daer dat aen A *soude toegelaeten syn de goederen by ge-speculeerde vercoopinghen buyten het fideigecomitteerde patrimonie te stellen , met insight van, 'tsy de coopsommen daer door gheprovenieert in cafse en aen sigh te behouden , het sy met daer mede andere goederen te coopen, ende die alsoo hem te approprieren in het gepeys dat daer mede de patrimoniele goederen van* B *niet meer in wesen be-vonden en souden worden, ende alsoo syn effect souden moeten hebben de gedaene be-spreken in het contract antenuptiael besloten, aenghesien dies niet jeghenstaende de geprovenieerde coop-penninghen ofte de andere goederen daer mede ghecoght, weder-omme commen in de mafse, ende subject worden aen het fideicommis, gelyk besluyt* Voet, ad ff. dicto tit. ad senat. trebell. n°. 54. post initium : nec interest utrum ipsa pecunia aut corpora hereditaria adhuc apud fiduciarium existant, an in eorum locum alia surrogata sint : nam si de pretio rerum venditarum alias comparaverit diminuisse, quæ vendidit non videtur sed quod inde comparatum est vice dominii permutati restituetur : idemque servandum si proprios creditores ex ea pecunia dimiserit eo quod non absumptum itelligitur quod in corpore patrimonii retinetur L. 70. § ult L. 71. L. 72. ff. de legatis 2°., *diesvolgens de hoirs van* B *naer den overlyden van* A *, even ghelyck het ghesurrogeerde sullen moghen commen dee-len alle het gonne primitivelyck in de patrimonieele gefideicommitteerde mafse was geweest.*

Diesvolghens om van dies pertinente kennifse ende wete te hebben, de hoirs van B *geregt syn niet alleene* A *te doen maeken en overgeven pertinenten staet van goede, maer oock te versoecken souffifsanten seker de* fideicommisso restituendo fideicommissario, *inghevolghe de wetten op het eerste point opgehaelt.*

Actum te Ghendt den 31 January 1771.
Onderteekend , J. BEYDENS.

CINQUIEME CONSULTATION.

D'A. J. F. PIETERS, en son vivant Avocat au Conseil en Flandres et Echevin du Magistrat de St. Pierre à Gand.

Ghesien by den onderschreven gheconsulteerden den voorenstaenden casus, ende gelet op de vraegen daer uyt gedaen; 't advys is dat A. geensints ghereght en is tot de proprieteyt van eenige immeubele goederen by B. ten Huywelycke ghebraght ofte ghedeurende het selve op haer gedevolveert mitsgaeders dat in cas eenighe van diere gedeurende het Huywelyck veralieneert syn gheworden, A. gehouden is recompense te doen volgens costuyme, tot resolutie van dese questie dienen gheconsidereert te worden twee essentiele pointen wesende het 'eerste meri juris ende het ander partim juris, partim facti, al hoe wel dit tweede point van soo geene groote consideratie en is.

L. 4 cod. de donat antenup. Dulaury arrest 72 en Cuve-lier arrest 43.

Nopende het eerste point men observeert preliminairelyck by rapport tot de conjointen ende de contracten anteniptiael, quod unum idemque sit aliquid fieri tempore prohibito, vel id referre ad tempus prohibitum, ten sulcken effecte dat ghelyckerwys het soo naer reghte als onse Landt-wetten verboden is aen de conjointen elckanderen ghedeurende huywelyck te verschoonen, het oock verboden moet syn by contract antenuptieel te stipuleren dat de conjointen naer den bandt van huywelyck elckanderen moghen verschoonen, dit schynt buyten alle twyffel ende vry van dispuyt te syn.

De eerste questie meri juris bestaet oversulckx in het ondersouck of A. ende B. by hun contract van Huywelycke 't sy expresselyck 't sy tacitelyck ofte virtuelyck, (quæ quoad effectus juris in hac materia eadem sunt:) ghestipuleert hebben de faculteyt van naer den bandt van Huywelyck elckanderen ofte den eenen den anderen door syn eygen fait te verschoonen, ende de affirmative van diere vastgestelt synde, sal het gevolg ende besluyt sigh selven maecken, dat de gemelde stipulatie nul is ende dat by voorder gevolg A. geensints geregt en is eenige immeubele goederen by B. achtergelaeten te veralieneren; om het selve vaste te stellen ende claerlyck te doen sien dat A. en B. by het ghemelde contract antenuptieel ten minsten tacitelyck ende virtuelyck hebben ghestipuleert elckanderen ghedeurende het Huywelyck te verschoonen sal men doen bemerken, dat den langhst-levenden uyt craghte van de stipulatie by het tweede artikel van het contract antinuptiael gheenen absoluyten ende incommutabelen proprietaris bedegen en is van de goederen by den eersten Overledenen achtergelaeten.

Sulckx resulteert manifestelyck ex eo dat uyt craghte ende inghevolghe van het selve tweede artykel, de goederen van den eersten overleden, naer de doodt van den langhst-levenden moeten gaen naer d'hoirs van den eersten overledenen voor soo veele die nogh exteren, ergo A. en is in het gheval voorhanden geenen absoluyten ende incommutabelen proprietaris bedegen van de immeubele goederen by B. achtergelaeten, andersints ende by soo verre A. absoluten ende incommutabelen proprietaris bedeghen waere van de goederen by B. achtergelaeten, de selve t'synen overlyden nogh exterende, souden ipso jure devolveren op syne hoirs ab intestato prout notorium.

Is A. uyt craghte van de stipulatie by het gemelde tweede artikel geenen absoluyten ende incommutabelen proprietaris bedegen van de immeubele goederen by B. achterghelaeten gelyk claerlyk is bewesen, et res perse loquitur, soo volgt daer uyt per evidentiam.

Primo, dat A. *uyt craghte van het ghestipuleerde by het voorseyde tweede artykel de immeubele goederen by* B. *ten Huywelycke ghebraght immers* quod idem est, *het æquivalent van diere maer en soude acquireren ende de syne maecken door syn eygen daet, by middel van de selve goederen, 't sy constant Huywelyck, 't sy naer de dissolutie van diere te veralieneeren ingevolghe het vermogen by het selve tweede artikel,* hoc est *de conjointen en souden volgens de stipulatie, by dit artykel geene recompense moeten doen van het gonne ghedeurende Huywelyck veralieneert van de syde houdende goederen, maer in tegendeel souden door de alienatie van elck anders syde houdende goederen gedaen soo gedeurende het Huywelyck als naer des selfs dissolutie hun selven ende hunne hoirs verrycken.*

Het nogh geseyde tweede artykel soude by dien aen de conjointen de faculteyt gheven niet alleene ghedeurende het Huywelyck nemaer oock naer de dissolutie elckanderen te verschoonen, dese verschooninghe soude bestaen in eo niet alleen dat den langhts-levenden exempt soude wesen van de recompense van d'helft der veralieneerde goederen van de eerste overledene, nemaer oock wel sonderlynghe hier in dat den langhts-leven-den in het geheel soude proffyteren alle de selve veralieneerde goederen seu quod idem *den prys ofte æquivalent van diere; het exempt wesen van recompense* atque adeo *het proffytteren den prys der veralieneerde goederen gedeurende Huywelyck soo wel als naer de dissolutie soude immediatelyck voortscomen soo uyt het fait van de conjointen ge-saementlyck als uyt het fait van den langhst-levenden alleene.*

Dat dierghelycke exemptie van recompense ende alsoo het proffytteren den coop-schat der vercoghte goederen ghedeurende het Huywelyck strydigh is jegens onse prohi-bitive wetten soo wel als jegens de gheschreven rechten is teenemael resoluyt ende mani-fest, om dat proffytteren van den coopschat der veralieneerde goederen voortscomende uyt het immediaet fait van de conjointen naer den bandt van hun Huywelyck alsoo eo ipso *voortscomt uyt de faculteyt aen elckanderen gelaeten ingevolghe het gesti-puleerde by het voorseyde tweede artykel, consequentelyck is het waer te seggen dat de conjointen by het selve contract van Huywelyk* saltem vitualiter et indirecte *gesti-puleert hebben de faculteyt van elckanderen te verschoonen, welcke stipulatie soo wel verboden ende nul is, als de verschooninge selve sonder dierghelyk precedente stipulatie,* idem enim est aliquid fieri tempore prohibito et referre aliquid ad tempus prohibitum.

Pothier trait. des donat. entre ma-ri et fem-me chap. prél. art. 3 n°. 24.

Om sulckx sensibel te maecken ende schier met handen te tasten dat alle het gonne A. *van de immeubele goederen van* B. saltem in æquivalenti seu in pretio, *soude proffyteren, voortscomt uyt de tacite ofte virtuele gestipuleerde faculteyt van naer den bandt van Huywelyck elckanderen te verschoonen, laet ons voor een moment supponeren dat de future conjointen* loco *het nogh gheseyde artykel ghestipuleert hadden in deser voegen, dat de immeubele goederen sullen gaen naer elckx respectiven cant ende syde, soo noghtans dat den langhts-levenden geene recompense en zal moeten doen van de vera-lieneerde goederen van den eerst stervenden, ende dat hy boven den vollen toght de selve goederen van den eerst overleden zal mogen veralieneren naer syn goetduncken sonder dat hy ofte syne hoirs daer over aensprekelyk ofte responsabel zyn.*

Niemant en can twyffelen of dierghelycke stipulatie is absoluytelyck nul ghelyck oversulckx oock nul ende onbestandigh is alle het gonne uyt craghte van de selve sti-pulatie soude verright worden; diesvolgens moet men a paritate rationis *besluyten dat de stipulatie by het voorseyde tweede art van het contract van Huywelyck, mitsgaeders alle het gonne ingevolge dies verright* propter legem irritantem *oock nul ende onbestandig is.*

De stipulatie by het selve tweede art. wederom gheseyt, en maeckt den langhts-levenden geenen absoluyten ende incommutabelen proprietaris van de immeubele goederen van den eerst overledenen noghte en syn de selve daer by gemeene ghemaeckt, de selve immeubele goederen souden oversulckx naer de doodt van den langhts-levenden wederkeeren naer d'hoirs van den eerst overledenen, waer 't saecken die nogh exteerden, seu quod idem est, *door het fait van de conjointen ghesaementlyck, ofte door het fait van den langhst-levenden alleene,* semper post contractum matrimonium, quum gratificatio amplius licita non est, *niet veralieneert en waeren.*

Vervolgens alle het gonne den langst-levenden van de selve goederen 't sy in nature 't sy in æquivalenti seu in pretio, *proffiteert soude voortscomen uyt het fait van de conjointen ghesaementlyck ofte uyt het fait van den langhst-levenden alleene, ende alsoo uyt de virtuele ofte tacite ghestipuleerde faculteyt van elckanderen naer den bandt van Huywelyck te mogen verschoonen. Men voorsiet wel dat A. jegens dit argument ende pariteyt sal opwerpen dat de future conjointen* pure et simpliciter *ghestipuleert hebben dat den langhst-levende alles magh blyven behouden in volle proprieteyt, immers* LANGST LEEFT AL, *dat hy oversulckx van de goederen by* B. *agtergelaeten,* tamquam bonus pater-fam. *magh disponneren, ende dat by ghevolghe d'hoirs van* B. *maer en connen proffytteren van de immeubele achtergelaeten goederen als hy van de selve goederen niet en sal hebben gedisponneert,* quod est aliquid mere negativi.

Waer uyt schynt te volgen dat A. van de immeubele goederen by B. *achtergelaeten, ofte van des selfs coop-somme niet en proffytteert uyt craghte van eenen act posterieur aen den bandt van Huywelycke, nemaer dat de conjointen, immers den langst-houdenden uyt craghte van het contract van Huywelyck,* pure et simpliciter proprietaris, *is ghemackt van de immeubele goederen van den eerst stervenden,* LANGST LEEFT AL, *dat hy oversulckx daer van can disponneren* saltem tamquam bonus pater-fam. *ende dat d'hoirs by gevolge daer van niet voorders ofte anders gereght en syn te proffytteren ten sy voor soo veele den langhst-levenden daer van niet en heeft ghedisponneert,* quod est mere negativum *soo voorseyt.*

Men sal om het selve argument voor A. te verstercken doen reflecteren, dat de volgende clausule in den tweeden artykel, wel verstaende, etc. *de precedente periode* LANGST LEEFT AL, *maer en soude modificeren,* hoc est *dat uyt craghte van die modificatie, de immeubele goederen van* B. *ten overlyden van A. nogh exterende, ofte voor soo veele die alsdan nogh sullen exteren moeten wederkeeren tot d'hoirs van* B. *waer mede t' saemen staet, dat A. uyt craghte van het precedent ghestipuleerde* LANGST LEEFT AL, *van de goederen van* B. *mag disponneren,* saltem tamquam bonus pater-fam.

Van welcke goederen hy ook naer syne sinnelyckheyd et pro libitu etiam donando *soude moghen disponneren, waer 't saecken die ghemodificeerde clausule niet geaposeert en hadde gheweest, de welcke als maer inporterende een tacit* fideicommis *ofte* fidei-commissum residui, *(waer van men in de verandelinge van het tweede point sal spreken :) niet anders en opereert als dat A. van de goederen van* B. *niet en mag disponneren* pro libitu, *nemaer eeniglyk* tamquam bonus pater-familias.

Dogh als men dit argument eenighsins doorgront men sal claerlyck ondervinden, dat het selve claudiceert, in effecte het staet onberoerelyck vaste dat A. uyt craghte van het contract van Huywelyck geenen absoluyten ofte incommutabelen proprietaris en is van de goederen by B. *achtergelaeten, terwylent de selve goederen nogh in wesen blyvende tot d'hoirs van* B, *naer de doodt van A.* ipso jure, *wederkeeren soo voorseyt.*

Dat meer is ider een moet convenieren gelyck het voorseyde argument ook supponeert dat A. *van de voorseyde goederen niet en magh disponneren* pro libitu *, verre van absoluyten ende dispoticquen proprietaris te syn, hy en heeft dan van de selve goederen niet het minste te verwaghten, als het gonne soude voortscomen uyt syn eygen fait te verrighten naer het gecontracteert Huywelyck* atque adeo ex facto in vim stipulationis relatæ ad tempus prohibitum.

Voorders supposito quidem et concesso, *dat buyten de contracten van Huywelyck by testament,* (in locis ubi viget libera testamenti factio,) *ofte by andere valide contracten diergelyken taciten* fiducarius *van de ghefideicommitteerde goederen mag disponneren* tamquam bonus pater - familias, *ende dat oversulckx de fideicommissarissen de dispositie ofte alienatie van de gefideigecommitteerde goederen maer en souden connen inpugneren voor soo veele de selve gedaen is* fideicommissi intervertendi causâ.

Daer mede staet saemen dat het ghesupponneerde fideicommis, *in het geval voor handen nul ende insubsistent is, by dien dat* A. *geene de minste dispositie en heeft van de goederen by* B. *ten Huywelycke gebraght ofte achtergelaeten, gheconsidereert dat gelyck nogh is geseyt ende 'twelck men altydt voor een besonder point de vue moet blyven houden, het contract van Huywelyck aen* A. *geene proprieteyt en gheeft in de immeubele goederen van* B. *mitsgaeders dat hy* nihil agendo *oock niet het minste en ac-* quireert *ne quidem in æquivalenti, uyt de proprieteyt der selve immeubele goederen, diesvolgens dat alle het gonne* A. ex proprietate vel per et propter proprietatem dictorum bonorum acquireret, *soude acquireren door syn eygen fait uyt craghte van de* stipulatie in tempus prohibitum relatæ.

A. *en can oversulckx sig geensints prevaleren met de stipulatie by het tweede artykel* medebringende, *dat den langst-levenden in eygendom ende proprieteyt sal hebben ende behouden etc. indervougen dat plaetse sal hebben de conditie* LANGST LEEFT AL, *om dat uyt cragte van de volgende periode* wel verstaende nogtans etc. *de voorgaende periode geristringeert wordt; soodaenighlyck dat de selve eerste clausule ghevoegt met de tweede wesende inseparabel van de eerste ende alsoo t' samen eene stipulatie maekende op haer selven ende sonder voordet acten 't sy staende Huywelyck 't sy naer des selfs dissolutie te verrichten geene uytwerkinge ofte effect en heeft,* hoc est stipulatio ista, articuli secundi tabulis antenuptialibus inserta non continet actum, qui per se habeat perfectionem, ita ut nullus præterea alius actus postea sit peragendus, *gelyck ten proposte seer judicieuselyk reflecteert den vermaerden* Rodenburgh, de jure congugum part. p. tit. 3. cap. 4. n.º 8. qui in hac materiâ omne tulit punctum.

De stipulatien in de contracten van Huywelyck geinsereert, waer by de future conjointen elckanderen ofte den eenen den anderen verschoonen, moeten perfect ende absolut syn sonder tot hunne perfectie ende uytwerkinge noodigh te hebben eenen voorderen act matrimonio contrahendo posterius, *andersints syn diergelycke stipulatien verboden ende nul, gelyck den voorseyden* Rodenburgh loco citato *ende op andere plaetsen, benevens verscheyde andere autheuren leeren, consequentelyck is dese stipulatie immers des selfs effect ende uytwerckinge als* geconfereert ad tempus matrimonio posterius, *volgens het geschreven recht ende onse Lunt - wetten nul ende cragteloos.*

Nogte en can A. *sig oock prevaleren, seggende dat de voorseyde reserve van het tweede artykel:* wel verstaende etc. *maer condioneel en soude wesen, seu dat d'hoirs van* B. *naer syn overlyden, maer gerecht en syn tot d' immeubele goederen van* B. *voor soo veele die exteren,* hoc est in cas die exteren, *want independent dat volgens het 18 art. van het eeuwigh edict van den jaere 1611 de subtiliteydt van het roomsche recht* quoad positos in conditione *geabrogeert is, ende dat oversulckx volghens het selve eeuwigh edict* positi in conditione æquales sint expresse vocatis.

Soo staet het eventwel altyd onberoerelyk vast, dat A *uyt cragte van het gestipuleerde by het tweede art. op sich selven* et sine alio actu, post contractum matrimonium peragendo *geen het minste recht van proprieteyt tot d'immeubele goederen van* B *geacquireert en heeft ; d'acquisitie van de zelve immeubele goederen ofte van des selfs æquivalent in pretio soude oversulckx geconfereert syn* ad tempus prohibitum et sic nulliter, *soo nogh geseyt.*

Het zoude iets anders wesen waert saecken de periode LANGST LEEFT AL, *niet gerestringeert, laet ons selfs nemen, niet gemodificeert en waere door de volgende clausule* wel verstaende etc. ; *vermits in sulck geval den langstlevenden de geheele naelaetentheyd van den eerst stervenden* ipso jure *soude acquireren uyt crachte van de stipulatie* pure et simpliciter *gedaen, de welcke* ab initio et sine ullo actu posteâ peragendo *haere perfectie heeft, den langstlevenden soude alsoo verschoont wesen, uyt crachte van het contract van huwelyck, het welcke* per subsequens matrimonium *in den instant syne perfectie, volle uytwerkinge ende effect heeft gehadt* sine ullo actu postea peragendo, *daer dat in het geval voor handen, de gestipuleerde verschooninge* manendo in terminis stipulationis, *niet het minste en opereert nogte eenig effect produceert, nemaer geheel haer effect ende uytwerckinge soude krygen* per actus matrimonio posteriores peragendos.

Daer mede commende tot het tweede point men premitteert, dat gelyck alréede is geobserveert in alle andere gevallen, buyten het contract van Huywelyck diergelycke stipulatie als is de gonne vervat by het meergeseyde tweede artykel, absolutelyck soude bestaen in een fideicommisso tacito, *gelyck meest alle de autheuren leeren ofte volgens sommige in* fideicommisso residui.

Dat oversulckx volgens de roomsche Wetten, ende leeringhe der autheuren het selve fideicommis, 't*sy* tacit 't*sy* residui *niet en can vermindert worden in fraude ende prejuditie van de fideicommissarissen,* hoc certi juris est, *gelyck de autheuren leeren onder andere* Jan Voet, ad pand. tit. ad senatus consult trebell. N°. 54.

Dogh quandonam tale fideicommissum dicendum diminutum in fraudem et prejudicium fideicommissariorum est quæstio facti, *synde den onderschreven van vast gevoelen dat de alienatie in fraude ende prejuditie van de fideicommissarissen als dan moet geseyt worden gebeurt te syn, alswanneer het naer de doodt van den* fiduciarius et sic a posteriori *soude blyken dat hy* fiduciarius *meer van de gefideicommitteerde goederen als van syne eygene heeft veralieneert ofte dat geheel syne substantie naer syne doodt soo groot bevonden wiert als de selve geweest is voor eenige alienatie van de fideicommitteerde goederen sonder dat in desen oock in aendacht moet genomen worden het gedisponeerde by de* 108. novelle.

Want abstract dat de geciteerde novelle moribus hodiernis *geene plaetse en heeft gelyck* Voet *oock insinueert, soo moet men in desen voor basis altydt reflecteren ende vasthouden dat het gestipuleerde by het meermaels gezeyde tweede artykel van'den contracte van Huywelycke op sigh selven en sonder voordere acten naer het Huywelyck te verrighten van geen het minste effect en is en dat oversulcks alle het gonne in consequentie van die stipulatie naer het selve contract van Huywelyck verright nul, ende invalide is, als gedaen* tempore prohibito, *indervoegen dat het geensints noodigh en schynt in voorder ondersoeck te treden van dit tweede point wesende* partim juris et partim facti, *waer uyt den onderschreven besluyt en van voorder advys is dat d'hoirs van* B. *absolutelyck gereght syn, ende dat het selfs allesints soude convenieren* A. *seffens te betrecken tot het maecken en overgeven pertinenten staet van de goederen saltem van de immeubele by* B. *ten Huywelycke gebraght en gedeurende het selve op haer gedevolveert.*

Aldus geadviseert binnen Gend den eersten February 1771.

Onderteekend, A. J. F. PIETERS.

DEPOST.

DEn *onderschreven geconsulteerden naer het verleenen het voorenstaende advys geexamineert hebbende de advysen verleert respectivelyck by de advocaten* Pulinx *ende* Beydens, *is* salvo meliori judicio *van gevoelen dat het voorenstaende advys, mits de gemelde advysen versterckt word, want de voorseyde advocaten syn d'accoord int pointe principael dat* A. *niet het minste van de immeubele goederen van* B. *en mugh veralieneeren, waer door hy sig soude verrycken daer ontrent en schynt wederom geen twyffel te vallen, soodaniglyck dat volgens de voorseyde advysen* A. *eventwel uyt de goederen van* B. *maer en soude mogen veralieneren evengelyck hy soude veralieneren van syne eygene goederen* vel convenientiæ vel spendoris familiæ aut necessitatis causâ *dogh het schynt teenemael seker te syn dat diergelycke faculteydt van te alieneren* ex bonis taciti fideicommissi, *geen plaetse en can hebben uyt crachte van de contracten van Huywelycke volgens onse vlaemsche costumen, geconsidereert dat in welckdaenig geval men de alienatie soude supponeren ofte niet,* A. *eventwel sig altydt soude verrycken ten minsten indirectelyck.*

In effecte of wel A. *soude diergelycke alienatie doen sonder eenige noodtsaeckelyckheydt selfs sonder redenen van convenientie,* et tunc clarissimum est, quod illa alienatio tamquam fraudulosa nulla foret, *of wel hy soude die alienatie doen* ex necessitate vel saltem convenientiâ, sicut faceret de propriis bonis, quo casu parceret rebus propriis et sic inpingeret in LL. 70. § ultimo. 71 et 72 ff de legatis 1°.

Ende het is ten surpluse oock seker dat alle verschooningen ofte giften tusschen de conjointen, moribus hodiernis *verboden syn* et hoc sine distinctione sive donatarius in de factus sit locopletior sive non, *soodaeniglyck dat de subtiliteydt van de roomeynsche Wetten, diergelycke distinctie maeckende hedendaeghs geene plaetse en hebben ende nergens toe en souden konnen dienen als om onse prohibitive landt-wetten te illuderen ende de gratificatien tusschen de conjointen te pallieren.*

Nogte en kan A. *sigh ook eenighsints prevaleren met het groot faveur waer mede soo volgens rechte als onse costumen de Huywelycksche voorwaerden begunstigt syn, want hoe groot men het gemelde faveur wilt considereren ofte niet, het sal altydt waer blyven dat de future conjointen nogh directelyck nogh indirectelyck en mogen stipuleren, de faculteydt van elckanderen te verschoonen, niet meer uls dat de conjointen elckanderen mogen verschoonen.* (5)

Het groot faveur van de Huywelycksche voorwaerden en can maer bestaen in de onverbrekelyckheydt dat men in de selve contracten geene lesie en considereert ende soo voorts dogh het selve faveur en can sig geensints extenderen tot iet het gonne door de positive Wet verboden is.

Actum te Ghendt de 5 February 1771.

Onderteekend, A. J. F. PIETERS.

---

(5) Voyez cette note du redacteur dans la traduction qui suit.

TRADUCTION.

Vu par le Soussigné, l'expositif qui précéde et les demandes faites en conséquence ; l'Avis est qu'*A*. n'a aucun droit à la propriété des immeubles portés par *B*. en Mariage, ou lui échus pendant icelui, ainsi qu'en cas que quelques-uns d'iceux durant le Mariage sont aliénés, *A*. est tenu de faire la récompense suivant les coutûmes ; pour la résolution de cette question, sont à considerer deux points essentiels, le premier *meri juris* et l'autre *partim juris, partim facti*, bien que ce dernier n'est pas d'une si grande consideration.

Quant au premier point, on observe préliminairement, que par rapport aux conjoints et aux contrats antenuptiels *quod unum idemque sit aliquid fieri tempore prohibito, vel id referre ad tempus prohibitum*, à tel effet que puisqu'il est defendu aux conjoints, tant par le droit que nos lois indigenes, de s'avantager l'un l'autre pendant le Mariage, il doit également être defendu de stipuler par contrat de Mariage, que les conjoints après le lien du Mariage pourront s'avantager, cela paroit hors de tout doute et sans contradiction.

La premiere question *meri juris* consiste donc dans l'examen, si *A*. et *B*. par leur contrat de Mariage ont stipulé, soit expressement, soit tacitement, ou virtuellement (*quæ quoad effectus juris in hac materia eadem sunt*) la faculté de s'avantager mutuellement ou l'un l'autre par son propre fait, après le lien du Mariage, et l'affirmative en étant établie, le resultat et la décision se formeront eux-mêmes que ladite stipulation est nulle, et que par suite ultérieure, *A*. n'est nullement en droit d'aliéner aucuns biens immeubles, delaissés par *B*. Afin de l'établir et de faire voir avec évidence qu'*A*. et *B*. par ledit contrat de Mariage ont stipulé, au moins tacitement et virtuellement la faculté de s'avantager l'un l'autre pendant le Mariage, l'on fera observer que le survivant en vertu de la stipulation du deuxieme article du contrat de Mariage n'est pas devenu le propriétaire absolu et immuable des biens delaissés par la premourante.

Cela resulte clairement *ex eo* qu'en vertu et par suite dudit deuxieme article les biens de la premourante, après le décès du survivant, doivent aller aux héritiers de la premourante, pour autant qu'ils existent encore : *ergo A*. n'est point dans le cas présent, devenu le propriétaire absolu et immuable des biens immeubles delaissés par *B*., autrement et dans le cas qu'*A*. seroit devenu le propriétaire absolu et immuable des biens immeubles délaissés par *B*., les mêmes biens s'ils existent encore, seroient *ipso jure* devolus à ses héritiers *ab intestato prout ut notorium*.

Si *A*. en vertu de ladite stipulation n'est pas devenu le propriétaire absolu et immuable des immeubles delaissés par *B*. comme il est clairement demontré, *et res perse loquitur*, il s'ensuit donc *per evidentiam* :

Primo, qu'*A*. en vertu de la stipulation dudit deuxieme article ne se procureroit les immeubles portés en Mariage par *B*., ou *quod idem est* l'équivalent d'iceux, que par son propre fait au moyen d'aliéner ces mêmes biens, soit durant, soit après la dissolution du Mariage, d'après le pouvoir contenu audit deuxieme article, c'est-à-dire les conjoints ne devroient faire, suivant cet article, aucune recompense des biens propres, aliénés durant le Mariage, mais au contraire, par l'aliénation des biens propres de l'un l'autre, faite tant durant le Mariage qu'après sa dissolution, s'enrichiroient eux-mêmes et leurs héritiers.

Le precité deuxieme article donneroit conséquemment aux conjoints la faculté de s'avantager l'un l'autre, pas seulement durant le Mariage, mais aussi après sa dissolution. Cet avantage consisteroit non seulement *in eo* que le survivant seroit exempt de la récompense de la moitié des biens aliénés de la predécédée, mais aussi bien principalement en ce que le survivant profiteroit en entier tous lesdits biens aliénés, *seu quod idem* le prix ou l'équivalent d'iceux; l'exemption de la récompense *atque adeo*, la jouissance du prix des biens aliénés pendant le Mariage aussi bien qu'après sa dissolution, proviendroit immédiatement, tant du fait des conjoints ensemble que de celui du survivant seul.

Que telle exemption de récompense et partant le profit du prix des biens vendus durant le Mariage, est contraire à nos lois prohibitives autant qu'au droit écrit, est totalement décidé et manifeste, parce que le profit du prix des biens aliénés, provenant du fait immédiat des conjoints après le lien de leur Mariage, provient ainsi *eo ipso* de la faculté laissée à l'un l'autre, suivant la stipulation du susdit deuxieme article ; par conséquent est il vrai de dire que les conjoints ont stipulé par ledit contrat de Mariage *saltem virtualiter et indirecte* la faculté de s'avantager l'un l'autre, laquelle stipulation est aussi bien prohibée et nulle que l'avantage même sans telle stipulation precédente, *idem enim est aliquid fieri tempore prohibito et referre aliquid ad tempus prohibitum.*

Pothier trait. des donat. entre mari et femme chap. prél. art. § n°. 24.

Afin de rendre évident et palpable que tout ce qu'*A.* profiteroit des biens immeubles de *B.*, *saltem in æquivalenti seu in pretio* provient de la faculté tacite ou virtuelle de s'avantager l'un l'autre après le lien du Mariage ; supposons un moment, que les futurs conjoints *loco* du susdit article, eussent stipulé de cette maniere : que les immeubles suivront respectivement côté et ligne, de sorte cependant que le survivant ne devra faire aucune récompense des biens aliénés du premourant, et qu'outre le plein usufruit il pourra aliéner ces mêmes biens à son bon plaisir, sans être tenu à rien ; personne ne peut douter que telle stipulation ne soit absolument nulle, comme tout ce qui se feroit en vertu d'icelle ; par conséquent on doit conclure *a paritate rationis*, que ladite stipulation du contrat de Mariage ainsi que tout ce qui a été fait en conséquence, est également nulle et sans effet.

Cette stipulation, on le repete encore, ne rend point le survivant le maître absolu des immeubles du premourant, comme elle ne les rend pas non plus communs ; c'est pourquoi ces immeubles, après la mort du survivant, retourneroient aux héritiers du premourant, s'ils existoient encore, *seu quod idem est,* s'ils n'étoient pas aliénés par le fait des conjoints ensemble, ou par le fait du survivant seul *semper post contractum matrimonium, quum gratificatio amplius licita non est.*

Par conséquent, tout ce que le survivant profite desdits biens, soit en nature, soit *in æquivalenti seu in pretio*, proviendroit du fait des conjoints ensemble, ou du survivant seul, et ainsi de la faculté virtuelle et tacite qui a été stipulée de pouvoir s'avantager l'un l'autre après le lien du Mariage. On prevoit bien qu'*A.* objectera contre cet argument et parité, que les futurs conjoints ont stipulé *pure et simpliciter*, que le survivant pourra retenir tout en pleine propriété, c'est-à-dire TOUT AU DERNIER VIVANT, que partant il peut disposer des biens delaissés par *B.*, *tamquam bonus pater-fam.*, et que par conséquent les héritiers de *B.* ne peuvent profiter des biens immeubles delaissés, que pour autant qu'*A.* n'en aura pas disposé, *quod est aliquid mere negativi*

D'où il paroit resulter qu'*A*. ne profite rien des biens delaissés par *B*. ou du prix d'iceux par quelqu'acte postérieur au lien du Mariage, mais que les conjoints, c'est-à-dire le survivant, en vertu du contrat de Mariage, est rendu *pure et simpliciter* propriétaire de ces immeubles du premourant, et qu'ainsi il en peut disposer *saltem tamquam bonus pater-familias* et que partant les héritiers n'ont droit d'en profiter que pour autant que le survivant n'en a pas disposé, ce qui est *mere negativum*, comme il est dit.

Mais pour corroborer cet argument en faveur d'*A*., on fera observer que la clause subséquente dans l'article *bien entendu, etc.* ne feroit que modifier la précédente, *hoc est* qu'en vertu de cette modification les immeubles de *B*. à la mort d'*A* encore existans, ou pour autant qu'ils existeront alors encore, devront retourner aux héritiers de *B*., avec quoi est compatible qu'*A*. par la stipulation précédente, TOUT AU DERNIER VIVANT peut disposer des biens de *B*. *saltem tamquam bonus pater-familias*.

Desquels biens il pourroit aussi disposer *pro libitu*, si cette clause n'eut point été apposée, laquelle ne renfermant qu'un fideicommis tacite ou de residuo (dont il sera parlé en traitant le deuxième point) n'opére rien d'autre sinon qu'*A*. ne peut disposer des biens de *B*. *pro libitu*, mais seulement *tamquam bonus pater-familias*.

Cependant lorsqu'on penétre cet argument, on trouvera qu'il cloche, en effet il est incontestable qu'*A*. en vertu du contrat de Mariage n'est pas propriétaire absolu ou immuable des biens delaissés par *B*., puisque les mêmes biens, après la mort d'*A*, encore restant existans retournent *ipso jure* aux héritiers de *B*., comme il est dit.

Ce qui plus est, chacun doit convenir, comme le susdit argument le suppose également, qu'*A*. ne peut disposer des mêmes biens *prolibitu*, bien loin d'en être le propriétaire absolu et despote; il n'a donc rien à attendre de ces biens, que ce qui proviendroit de son propre fait exécuté après la celebration du Mariage, *atque adeo ex facto in vim stipulationis relatæ ad tempus prohibitum*.

De plus *supposito quidem et concesso*, que tel fiduciaire, hors les contrats de Mariage (*in locis ubi viget libera testamenti factio*) ou par autres contrats valides puisse disposer des biens fideicommissés *tamquam bonus pater-familias*, et qu'en conséquence les fideicommissaires ne pourroient impugner les dispositions et aliénations que pour autant qu'elles seroient faites *fideicommissi intervertendi causâ*.

Avec cela est compatible que le fideicommis supposé dans le cas présent, est nul et insubsistant, partant qu'*A*. n'a pas la moindre disposition des biens portés en Mariage, ou delaissés par *B*. attendu comme il est encore dit, et ce que l'on doit toujours tenir pour le point de vue principal, le contrat de Mariage ne donne à *A*. aucune propriété des biens de *B*., aussi que *nihil agendo* il n'acquit la moindre chose *ne quidem in æquivalenti*, de la propriété de ces mêmes immeubles; de sorte que tout ce qu'*A*. acquit *ex proprietate vel per et propter proprietatem dictorum bonorum*, obtiendroit par son propre fait, en vertu de la stipulation *in tempus prohibitum relatæ*.

Ainsi, *A*. ne peut aucunement se prevaloir de la stipulation du deuxieme article, portant *que le survivant aura et retiendra en propriété etc.*, de sorte qu'aura lieu la clause TOUT AU DERNIER VIVANT, parce qu'en vertu de la periode subséquente *bien entendu cependant etc.*, la précédente est restreinte; tellement que la même clause étant liée avec la premiere dont elle est inséparable, et faisant ainsi ensemble une seule stipulation d'elle-même et sans autres actes à exercer, soit durant le Mariage, soit après sa dissolution, n'a aucun effet ni

H

exécution ; *hoc est stipulatio ista, articuli secundi tabulis antenuptialibus inserta non continet actum, qui per se habeat perfectionem, ita ut nullus præterea alius actus postea sit peragendus,* comme observe à ce sujet très judicieusement le célèbre *Rodenburgh, de jure conjugum, part. p. tit. 3. cap. 4. n°. 8. qui in hac materiâ omne tullit punctum.*

Les clauses inserées dans les contrats de Mariage par lesquelles les futurs conjoints s'avantagent mutuellement ou l'un l'autre, doivent être parfaites et absolues, sans avoir besoin, pour leur perfection et exécution, aucun acte ultérieur, *matrimonio contrahendo posterius,* autrement telles stipulations sont prohibées et nulles, comme le dit *Rodenburgh loco citato* et autres auteurs enseignent ; par conséquent cette stipulation enfin son effet et exécution comme *relata ad tempus matrimonio posterius,* d'après le droit écrit et nos lois indigènes, est nulle et inefficace.

A. ne peut pas aussi se prevaloir, en disant que ladite reserve du deuxieme article *bien entendu, etc.* ne seroit que conditionnelle, ou qu'après sa mort, les héritiers de *B.* n'ont droit aux immeubles de *B.* que pour autant qu'ils existent, *hoc est* en cas qu'ils existent, car indépendamment que d'après le XVIIIme article de l'édit perpétuel de l'an 1611., la subtilité du droit Romain *quoad positos in conditione* est abrogée, et qu'ainsi suivant le même édit *positi in conditione æquales sint expresse vocatis.*

Si est-il toujours incontestable qu'*A.* en vertu de la stipulation seule du deuxieme article *et sine alio actu, post contractum matrimonium peragendo* n'a acquit le moindre droit de propriété aux immeubles de *B.,* l'acquisition de ces immeubles ou de leur équivalent *in pretio* seroit ainsi *relata ad tempus prohibitum et sic nulliter,* comme il a été encore dit.

Il seroit tout autre si la période de TOUT AU DERNIER VIVANT n'étoit point limitée, prénons même si elle n'étoit pas modifiée par la subséquente clause, *bien entendu, etc.* vu que dans pareil cas le survivant acquéreroit *ipso jure* toute la succession de la prémourante, par la stipulation faite *pure et simpliciter,* laquelle à sa perfection *ab initio et sine ullo actu posteâ peragendo,* le survivant seroit ainsi avantagé en vertu du contrat de Mariage, qui dans l'instant a eu sa perfection, pleine exécution et effet *per subsequens matrimonium sine ullo actu postea peragendo,* tandis que dans le cas présent, l'avantage stipulé *manendo in terminis stipulationis,* n'opére rien et ne produit aucun effet, mais obtiendroit son effet et exécution *per actus matrimonio posteriores peragendos.*

Après cela venant au deuxieme point, on dit preliminairement comme il a déja été observé, que dans tout autre cas, hormis le contrat de Mariage, telle stipulation comme celle renfermée dans le precité deuxieme article renfermeroit absolument un fideicommis tacite, comme l'enseignent presque tous les auteurs, ou selon quelques-uns, un fideicommis *residui.*

Que par conséquent d'après les lois Romaines et la doctrine des auteurs, ce fideicommis soit tacite, soit *residui* ne peut être diminué en fraude ni au prejudice des fideicommissaires, *hoc certi juris est,* comme enseignent les auteurs entre autres *Jean Voet, ad pand. tit. ad senatus consult. trebell. n°. 54.*

Or quandonam tale fideicommissum dicendum diminutum in fraudem et prejudicium fideicommissariorum est quæstio facti, le soussigné étant d'une opinion ferme, qu'alors les aliénations doivent être reputées faites en fraude et au prejudice des fideicommissaires, lorsqu'après la mort du fiduciaire *et sic a posteriori* il consteroit que le fiduciaire auroit aliéné plus des biens fideicommissés que de ses biens propres, ou que toute sa substance après sa mort est trouvée de la même valeur comme elle a été avant aucune aliénation des biens fideicommissés, sans devoir faire attention à ce qui est statué par la novelle 108.

Car independamment que *moribus hodiernis* elle n'a pas lieu comme *Voet* l'enseigne également, on doit toujours tenir pour base dans le cas présent, que la stipulation seule dudit deuxieme article du contrat de Mariage, sans autres actes à exercer après le Mariage, n'est d'aucun effet, et qu'ainsi tout ce qui a été fait en conséquence est nul et sans effet, comme fait *tempore prohibito*; de façon qu'il ne paroit aucunement necessaire d'entrer en d'autres examens touchant ce deuxieme point, étant *partim juris et partim facti*, d'où le soussigné conclut et estime en outre que les héritiers de *B.* sont absolument fondés, et qu'il conviendroit à tous égards d'actionner *A.* sans délai, à l'effet de former et produire un état pertinent des biens *saltem* des immeubles portés en Mariage par *B.*, ou lui échus durant le Mariage. Ainsi avisé à Gand, le premier Fevrier 1771. Signé, *A. J. F. PIETERS.*

DEPOST.

LE soussigné consulté ayant examiné les avis rendus, respectivement par les avocats *Pulinx* et *Beydens*, estime *salvo meliori judicio* que par ces avis est corroboré celui qui precéde; car lesdits avocats sont d'accord, quant au point principal qu'*A.* ne peut rien aliéner des immeubles de *B.* pour s'enrichir, sur ce point ne paroit de rechef aucun doute tellement qu'en conformité desdits avis, *A.* tout au plus ne pourroit aliener hors des biens de *B.* autant qu'il aliéneroit de ses propres biens *vel convenientiæ vel splendoris familiæ aut necessitatis causâ*, cependant il paroit parfaitement certain que pareille faculté d'aliéner *ex bonis taciti fideicommissi* ne peut avoir lieu en vertu des contrats de Mariage suivant nos coûtumes de Flandres, attendu que dans tout cas quelconque que l'on supposeroit l'aliénation, *A.* s'enrichiroit toujours dumoins indirectement.

En effet ou biens *A.* feroit telle aliénation sans aucune necessité, même sans raison de convenance, *et tunc clarissimum est, quod illa alienatio tamquam fraudulosa nulla foret*, ou bien il feroit l'aliénation *ex necessitate vel saltem convenientiâ, sicut faceret de propriis bonis, quo casu parceret rebus propriis et sic inpingeret in LL. 70. § ultimo 71. et 72. ff. de legatis 2°.*

Et il est au surplus également certain que tous avantages ou donations entre Époux sont prohibés *moribus hodiernus et hoc sine distinctione sive donatarius inde factus sit locopletior sive non*, tellement que la subtilité des lois romaines faisant cette distinction n'a aucunement lieu et ne pourroit servir à rien d'autre qu'à illuder nos lois indigenes et à pallier les gratifications entre Époux.

A. Ne peut aussi aucunement se prevaloir de la grande faveur accordée aux contrats de Mariage tant par le droit écrit que par nos coûtumes, car quelle que soit l'étendue que l'on veut donner à cette faveur, il restera toujours vrai que les futurs conjoints ne peuvent stipuler directement ni indirectement la faculté de s'avantager, pas plus que les conjoints ne peuvent s'avantager l'un l'autre. (6). La grande faveur des contrats de Mariage ne peut consister que dans l'inviolabilité, qu'on ne considére point de lésion etc., mais ne peut aucunement s'étendre à ce qui est defendu par la loi positive. Actum à Gand, le 5 Fevrier 1771. Signé, *A. J. F. PIETERS.*

(6.) Cette opinion est conforme à la doctrine de tous les auteurs et principalement

SIXIEME CONSULTATION.

De L. F. V. REKENDAELE , en son vivant Avocat au grand Conseil de Malines.

GEsien by den ondergeschreven advocaet van haere Majesteyts grooten raede, den nevensgaenden queritur op het exposityf ende stipulatie van houwelyksche voorwaerde aldaer gepremitteerd, naer alles wel ende rypelyk geëxamineert te hebben, is van advys op d'eerste vraeghe, dat de clausule in texte van LANGST LEEFT AL alleenelyk haer rapport heeft, ende by dien maer alleenelyk haere uytwerkinge moet hebben op de goederen van den eerst stervenden, geen immeuble zynde, item op alsulke immeuble goederen van den eerst. stervenden de welke ten tyde van het overlyden van den langhst levenden der conjointen niet meer en souden exteren ende in wesen syn : mits de conditie van langhst leeft al, (sunt ipsa verba stipulationis:) buyten de immeubele goederen alsdan in wesen, van d'eerste overledene te bevinden, in het regard van alle andere ende voordere goederen sal moeten syn effect ende uytwerkinge hebben. De contractanten hebben dan claer ende verstaenbaer geëxpliceert dat de conditie ofte stipulatie van LANGST LEEFT AL haer niet en extendeert tot de immeubele goederen van den eerst overledenen de welke ten overlyden van den langst levenden in wesen bevonden worden, maer dat met defselfs overlyden, dese exterende goederen sullen succederen op d'hoirs van den eerst overledenen.

Vervolgens draeght 's onderschrevens advys op de tweede vraeghe, dat mits de stipulatie van LANGST LEEFT AL, haer niet en extendeert tot de immeubele goederen van den eerst overledenen, die sullen in wesen existeren ten overlyden van den langst-levenden, desen de faculteyt niet en heeft om alles met de aghtergelaetene immeubele goederen van synen conjoint te doen wat hem belieft. Want als hy daer mede alles naer syne geliefte liberlyk ende ongebonden soude moghen doen, in die suppositie soude den selven langhst levenden de volle ende libere proprieteyt hebben van alle de zelve goederen, daer hy nochtans inderdaedt maer de proprieteyt en heeft met den last ende vinculatie dat de goederen, in wezen exterende ten tyde van zyn overlyden moeten keeren tot d'hoirs van d'eerst overledene.

Daer uyt volght zonder twyffel dat den langhst-levenden niet en magh testeren ofte disponeren naer zyne dood van eenige alsdan exterende goederen immeubele van d'eerst overledene. Mag hy daer van niet testeren, hy en heeft gevolgentlyk oock de magt noch de faculteyt om de gestipuleerde succesie in die goederen te illuderen tegen de goede trauwe ende rechtzinnigheyd ; maer alles is hem generaelyk verboden te doen 't welk eenig opzet ofte intentie heeft om de hoirs van d'eerste over-

---

de *Pothier*, qui dans son traité des donat. entre Mari et Femme, chap. prelim. art. 3. n°. 24., s'exprime ainsi : " Non seulement les conventions qui dérogent ouvertement et expres-
„ sement aux lois qui defendent les donations entre Mari et Femme, sont nulles, toutes
„ celles mêmes qui tendent indirectement à laisser aux conjoints par Mariage le pouvoir
„ de se faire pendant le Mariage quelqu'avantage indirect defendu par ces lois, sont pa-
„ reillement nulles. "

ledene te frustreren van hun recht van successie in hun autheurs ofte autrices goederen, die andersints sonder soodanige machinatie ofte doleusheyd souden wesentlyk geexisteert hebben ten overlyden van hem langst levenden.

*Waer het saeken de eerst stervende hadde gewilt dat haeren langst levenden conjoint maer en soude moeten laeten hebben aen haer hoirs, 't gone hy langst levenden uyt haere immeubele goederen niet en wilde aen sigh selven approprieren ofte converteren t'synen profyte, sy soude de pure casuele conditie niet gestelt heb*ben; si quæ corpora bonorum meorum immobilium supersint tempore mortis superviventis; *,, de immeubele goederen de welke ten tyde van het overlyden ,, van de tweede overledene nogh souden exteren ende moghen in wesen syn;"* maer sy soude gestelt hebben, *deze ofte diergelyke potestative conditie :* si quæ ex bonis meis immobilibus voluerit superstes conjux integra servare heredibus in diem mortis ejus. *Sy souden by hunne conventie antenuptiele gestipuleert hebben, dat d'hoirs van d'eerst stervende ten overlyden van den langst levenden geen ander recht en souden gehad hebben als tot de goederen van haere zyde gekomen, die* den langst levenden soude hebben wjllen in wesen laeten existeren tot den tydt van syn overlyden.

Dies volgens alsoo de contractanten de conditie, op de welke d'hoirs van d'eerst stervende geroepen syn, niet anders en hebben gestelt als suyver casuelyk ende geensints potestative ofte in de maght van den langst levenden, soo maekt het besluyt syn selven, dat het in de maght van den langst levenden niet en is van de selve conditie haer evenement te beletten ; Maer hy moet het evenement ofte non evenement laeten aen de fortuiteyt van het geval, waer aen de eerst stervende de conditie dies questie onderworpen heeft, sulker wys dat hy langst levenden sigh in alles moet conformeren naer de exigentie van de voorvallende omstandigheden, om naer advenante de goederen van de eerst stervende te gebruyken, te regeeren ende alieneren, immers ad arbitrium boni viri, omni dolo et fraude remotâ.

De voorschreven deductie bestaet tot hier toe in demonstratien à ductû rationis, *sy nu recours genomen tot d'autoriteyt van de wetten, men sal bevinden in de* 54 Wet ff. ad senatuscons. trebell. *ende andere diergelyke texten, dat de roomsche jurisconsulten niet getwyffelt en hebben of de dispositien van de volgende substantie,* quidquid ex hereditate meâ superfuerit rogo restituas, *importeren een fideicommis, ten sulken effecte dat den gegraveerden erfgenaem de maght niet en heeft van syn selven daer van te ontslagen ende het fideicommis met directe ofte indirecte middelen te interverteren, al is 't dat hy de fideicommissaire goederen* boni viri arbitratu *wel magh gebruyken, regeeren ende ook diminueren.*

Men siet dan geene reden ofte apparentie om te connen etablisseren dat in het voorhandigh contract van Houwelyk geen fideicommis voor d'hoirs van d'eerst stervende en soude besloten wesen ten laste van den langst levenden conjoint. Want het bovengemeld dispositief, 't welk de wetten ons proponeren, is van de selve categorie als het voorhandig conventioneel dies questie, behoudens dat het eerste involveert een fideicommis testamentair ende het ander een fideicommis ex pacto. *Waerom sal den gonnen, die hier belast is met een pactioneel fideicommis de residuo, meer dit fideicommis moghen verydelen met veranderingen ende alienatien* datâ operâ et studio, *als wel den gonnen belast met desgelyk testamentair fideicommis? Moghen de contracten meer gevioleert worden als d'uyterste willen ende testamenten van d'overledene ?. Sekerlyk neen.*

'T is waer, een conventioneel fideicommis de residuo *en staet onder de selve*

I

*difcipline van rechten niet waer onder den Keyser Justinianus de testamentaire heeft
gerangeert* novellâ 108. *en de reden is , dat het gestatueerde aldaer bestaet in een*
positivum juris præter et extrâ intentionem fideicommittentis sive testatoris; *want
sonder die novelle en soude niemand droomen of peysen dat hy synen erfgenaem
belast met de restitutie van het vierde ten minsten , alswanneer men den selven char-
geert met het fideicommis de* residuo.

Sonder positive wet die permitteert de deductie trebellianique *en soude oak
niemant de* quartâ trebellianica *verstaen; geaccordeert te worden door den testateur*
qui totam hereditatem restitui rogat; *daerom en connen sulke positien van rechte
niet geextendeert worden tot fideicommifsen contractueele ,* in quibus solâ voluntas
contrahentium inspicitur *in den tydt over hunne conventie geene positive wet en
domineert* sed solum jus gentium et naturæ.

Ne maer in de boven gereclameerde 54 wet ff. ad senatuscons. trebellian , *de
welke decideert dat soodanig dispositief* ut in his verbis, quidquid ex hereditate
meâ superfuerit, rogo restituas; *een fideicommis importeert soodaniglyk dat men
verstaet den testateur daer door gewilt te hebben dat synen erfgenaem geene diminutie
ofte alienatie van de fideicommifsaire goederen en soude doen* nisi ex arbitrio boni
viri; *in de decisie van dese wet en is niet anders achtervolgt als het enkel dic-
tamen van het naturelyk recht en reden , waer van de questieuse conventie egalyk
haere interpretatie ontfangen moet.*

Atqui *de reden van de voorseyde decisie van rechten* conicideert *met de gone die
men hier boven alreede gededuceert heeft ten aensien van de questieuse stipulatie:*
quia ibi conditio, *de goederen die sullen in wesen syn,* est æque casualis et non
potestativa ut hæc, quidquid ex hereditate meâ superfuerit, ergo etc.

Te vergeefs sal men seggen dat daer de conditie is geapposeert voluntate unius
testatoris, *maer hier* voluntate duorum pasciscentium; *want het en sal eventwel
niet laeten waer te blyven dat die differentie geene* conditio potestativa *en maekt
van de casuele conditie dies questie.*

*Insgelyk zal te vergeefs geobjecteert worden dat de questieuse conditie , " de goe-
" deren die ten overlyden van den tweeden overledenen nogh souden exte-
" ren ende moghen in wesen zyn, " soude bestaen in eene* potestativa ad libitum superviventis, *ter causen dat volgens conventie den* LANGST LEBT AL,
*ten regarde van alle ende voordere goederen , buyten de immeubele existerende,
ten overlyden van den langst levenden , sal moeten syn effect ende uytwerkinge hebben.*

*Men moet reflecteren dat onder de classe van die andere en voordere goede-
ren niet en connen verstaen worden , alsulke goederen* quæ defunctus supersti
intervertendi fideicommissi gratiâ alienabit vel convertet in rem suam: etenim
in jure pro possessore habetur qui dolo malo possidere desiit.

*In consequentie van alle welken d'hoirs van B. connen van als nu exigeren van
A. eenen pertinenten staet ende inventaris van d'immeubele goederen van B. , mits-
gaders hem doen stellen goede ende recheante captie van t'synen tyde deugdelyk te
sullen laeten volgen aen d'hoirs van B. alsulke haere immeubele goederen als t'synen
overlyden noch souden exteren ende moghen in wesen syn , ende eensweeghs van
niet te sullen doen directelyk nochte indirectelyk in fraude van diere.*

Aldus geadvyseerd binnen Mechelen den 28 Meert 1771.

Onderteekend , L. F. V. REKENDAELE.

TRADUCTION.

LE soussigné avocat du grand conseil de sa Majesté, ayant vu les questions proposées sur l'expositif, et la stipulation du contrat de Mariage qui y precéde, après avoir tout bien et murement examiné, estime que la clause en texte de TOUT AU DERNIER VIVANT n'a seulement son rapport et partant ne doit avoir son effet que sur les biens du premourant n'étant pas immeubles, item sur tels immeubles du premourant qui lors du décès du survivant des conjoints n'existeroient plus, *"puisque la condition de tout au dernier* » *vivant, (sunt ipsa verba stipulationis :) hormis les biens immeubles du premourant* » *à trouver alors existans, devra à l'égard de tous autres et ultérieurs biens avoir* » *son effet et exécution"*. Les contractans ont donc clairement et intelligiblement expliqué, que la clause ou stipulation de TOUT AU DERNIER VIVANT ne s'étend pas aux immeubles de la predécédée, qui à la mort du survivant seront trouvés existans, mais que ces biens existans par la mort de la predécédée seront devolus à ses héritiers.

Conséquemment l'avis du soussigné porte sur la deuxieme question, que puisque la stipulation de TOUT AU DERNIER VIVANT, ne s'étend pas aux immeubles de la predécédée, qui à la mort du survivant seront trouvés existans, celui-ci n'a pas la faculté de faire tout ce qui lui plait avec les biens immeubles delaisser de son Épouse ; Car lorsqu'il auroit cette faculté, dans cette supposition il auroit la pleine et libre propriété de tous ces mêmes biens, tandis cependant qu'en effet il n'a que la propriété avec la charge et restriction que les biens qui existeront à sa mort doivent retourner aux héritiers de la predécédée.

Delà suit indubitablement que le survivant ne peut tester ni disposer après sa mort d'aucuns de ces biens alors existans. S'il ne peut en tester, il n'a également point la faculté d'illuder contre la bonne foi et sincérité de la succession qui a été stipulée de ces mêmes biens, mais tous lui est généralement defendu de faire ce qui tend à frustrer les héritiers de la predécédée de leur droit de succession des biens qui sans telle machination ou fraude auroient réellement existé à la mort du survivant.

Au cas que la predécédée eut voulu que son conjoint survivant ne devroit laisser à ses héritiers que ce qu'il ne voudroit pas s'approprier de ses biens immeubles ou convertir à son profit, elle n'auroit point posé la condition purement casuelle ; *si quæ corpora bonorum meorum immobilium supersint tempore mortis supervivintis*, les immeubles qui à la mort du second décédé pourroient encore exister ; mais elle auroit posé cette ou pareille condition potestative : *si quæ ex bonis meis immobilibus voluerit superstes conjux integra servare heredibus in diem mortis ejus.* Ils auroient stipulé par leur contrat de Mariage que les hértiers du predécédé à la mort du survivant n'auroient eu d'autre droit qu'aux biens venus de son côté, *que le survivant auroit voulu laisser exister jusqu'à sa mort.*

Conséquemment vu que les contractans n'ont pas posé autrement la condition, qui appelle les héritiers de la premourante que comme purement casuelle et nullement potestavive ni laissée au pouvoir du survivant, la conséquence en suit d'elle-même, qu'il n'est pas au pouvoir du survivant d'empecher l'événement de la condition; Mais il doit laisser au sort fortuit auquel la premourante a assujetti la condition dont s'agit, de sorte que le survivant doit se conformer en tout, à l'exigence des circonstances occurentes pour employer, regir et aliéner conformément les biens de la premourante, enfin *ad arbitrium boni viri, omni dolo et fraude remotâ.*

La déduction qui precéde consiste jusqu'ici en demonstrations *à ductâ rationis*, soit maintenant pris recours à l'autorité des lois, on trouvera dans la *Loi 54 ff. ad senatuscons. trebell.* et autres pareilles textes, que les jurisconsultes romains n'ont point douté que les dispositions de la substance qui suit: *quidquid ex hereditate meâ superfuerit rogo restituas* ne renferme un fideicommis, à tel effet que l'héritier grevé n'a pas le pouvoir de s'en décharger et de l'intervertir par des moyens directs ou indirectes, quoiqu'il peut employer, regir et aussi diminuer les biens fideicommissés *boni viri arbitratu.*

On ne voit donc aucune raison ou apparence pour pouvoir établir que dans le présent contrat de Mariage ne seroit pas renfermé de fideicommis au profit des héritiers de la predécédée à charge du conjoint survivant. Car le dispositif precédent que les lois nous proposent, est de la même catégorie comme le conventionnel dont est question, à l'exeption que le premier renferme un fideicommis testamentaire et l'autre un fideicommis *ex pacto.* Pourquoi celui qui se trouve ici chargé d'un fideicommis *de residuo* conventionnel, pouroit-il plutôt l'illuder par des mutations et aliénations *datâ operâ et studio*, que celui chargé d'un tel fideicommis testamentaire? Peut-on violer plutôt les contrats que les dernieres volontés des défunts? Certainement non.

Il est vrai, qu'un fideicommis conventionnel *de residuo* n'est soumis à la discipline des lois comme le testamentaire par la *novelle 108.* de l'Empéreur *Justinien*, la raison en est que là la disposition consiste dans un *positivum juris præter et extrâ intentionem fideicommittentis sive testatoris*; car sans cette novelle personne ne penseroit qu'il charge son héritier de la restitution du quart au moins, lorsqu'il se trouve chargé du fideicommis *de residuo.*

Ainsi sans loi positive qui permet la déduction *trebellianique*, personne n'entendroit que ce quart seroit accordé par le testateur *qui totam hereditatem restitui rogat*; c'est pourquoi telles positions de droit ne peuvent s'étendre aux fideicommis contractuels, *in quibus solâ voluntas contrahentium inspicitur*, tandis qu'aucune loi positive ne domine sur leur convention *sed solum jus gentium et naturæ.*

Mais dans la *loi 54 ff. ad senatuscons. trebellian.* précitée, qui décide que tel dispositif *ut in his verbis: quidquid ex hereditate meâ superfuerit rogo restituas;* renferme un fideicommis, tellement, que l'on entend que le testateur a prétendu par là, que son héritier ne feroit aucune diminution ou aliénation des biens fideicommissés *nisi ex arbitrio boni viri*; l'on n'a eu en vue dans la décision de cette loi, que ce qui est dicté par le droit naturel et la saine raison, dont la convention en question doit recevoir son interprétation.

Or la raison de la décision de droit énoncée, s'accorde entierement avec celle que l'on a déduite ci-dessus à l'égard de la stipulation en question: *quia ibi conditio*; les biens qui existeront, *est æque casualis et non potestativa ut hæc, quidquid ex hereditate meâ superfuerit, ergo etc.*

En vain dira-t-on que là la condition est posée *voluntate unius testatoris,* mais bien ici *voluntate duorum pasciscentium ;* car en effet, il ne laissera point d'être vrai, que cette différence ne fait point une *conditio potestativa* de la condition eventuelle en question. De même sera-ce en vain que l'on prétendroit objecter que la condition dont il s'agit, " *que les biens qui à la mort du* » *second décédé existeroient encore*", comprendroit une *potestativa ad libitum superviventis,* à cause que d'après la condition AU DERNIER VIVANT LE TOUT, *à l'égard de tous et autres biens,* hormis les immeubles existants à la mort du dernier *vivant, devra avoir son effet et exécution.* L'on doit faire attention que sous la classe de *ces autres et ultérieurs biens* ne peuvent pas être compris les biens *quæ defunctus superstes intervertendi fideicommissi gratiâ alienabit vel convertet in rem suam : etenim in jure pro possessore habetur qui dolo malo possidère desiit.* En conséquence de ce que nous venons de rapporter, les héritiers de *B.* peuvent dès ce moment exiger d'*A.* un état réel et un inventaire exact des biens immeubles de *B.,* moyennant de lui faire donner bonne et suffisante caution, pour qu'à son tems il laisse duement suivre aux héritiers de *B.,* tels biens immeubles, qui à son décès existeroient encore, et de ne point agir aussi directement ni indirectement en fraude d'icelui. *Ainsi délibéré à Malines le 28 de Mars 1771.* Signé, *L. F. V. REKENDAELE.*

SECONDE PARTIE.

Consultations rendues après la mort de Charles d'Hont, *sur les deux premieres questions, savoir :*

PREMIERE QUESTION.

OF *de laste clausule van het voorschreven contract, behelzende :* " dat naer den » overlyden van beede de contractanten, de hoirs van d'eerst overledene zul- » len mogen deelen en profiteren de immeubele goederen, de welke ten tyde » van het overlyden van de tweede overleden als gekomen van de zyde van » d'eerste overleden nogh zouden exteren en mogen in wezen zyn, etc." *niet en bestaet in eene exceptie van d'eerste clausule van* LANGST LEEFT AL?

Si la derniere clause du contract qui precéde, ainsi conçue : " *qu'après le* » *décès du survivant d'eux deux, les héritiers du prémourant pourront partager et* » *profiter les biens qui à l'époque de la mort du second décédé, comme venus du* » *côté du prédécédé pourroient encore exister, etc.*" ne consiste point dans une exception de la premiere clause de TOUT AU DERNIER VIVANT?

DEUXIEME QUESTION.

Of het in de faculteyt is geweest van den langst levenden A. *de voorzeyde immeubele goederen door* B. *achtergelaeten te veralieneren ende converteren in andere goederen, om die aen zig te approprieren ende hem daer mede te vertycken ende tot syne hoirs te doen overgaen in prejuditie der hoirs van* B., *geconsidereert dat tot de selve alienatie geen het minste motif ofte noodtsaekelykheyd en heeft geoccurreert, voor soo vele hy* A. *nauwelyks het vierde deel van desselfs incommen en heeft verteert ?*

K

Si *A* survivant a eu la faculté d'aliéner et de convertir en d'autres biens lesdits immeubles delaissés par *B.*, à l'effet de se les approprier et de s'enrichir, pour les faire passer à ses héritiers au préjudice de ceux de *B.*, vu que pour cette aliénation il n'a existé le moindre motif ni besoin, tandis qu'*A.* n'a gueres dépensé le quart du revenu des mêmes biens ?

PREMIERE CONSULTATION

Du Jurisconsulte G. F. DE MOERLOOSE.

*G*Esien by den onderschreven geconsulteerden den voorenstaenden casus, positie ende het contract van Huwelyke, mitsgaeders gelet op de vraegen daer uyt gedaen.

T'advis is op d'eerste vraege dat de clausule daer by vermeld, bestaet in eene exceptie van de eerste clausule *LANGST LEEFT AL*, te weten ten opzigte dat de immeubele zyde-houdende goederen, daer by bezwaerd zyn met eene clausule van retour in het faveur van d'hoirs van B. eerste overledene, ende dat A. volgens den zelven contracte generaelyk tot alle de andere goederen daer by verhandelt recht van propriëteyt hadde, zonder eenig last van retour.

Zynde het advys op de tweede vraege, dat het in de faculteyt niet en is geweest van A. langst levenden de voorzeyde zyde-houdende goederen naer de dood van B. t'alieneren, haere hoirs daer van te priveren, ende zig daer mede te verryken, dewyl uyt den teneur ende den geest van den beroopen contracte van Houwelyk klaerlyk resulteerd dat het d'intentie van B. niet geweest en heeft A. generaelyk te begiftigen van alle haere goederen ofte hem de faculteyt te laeten van zig de zelve te approprieren, voor zoo veele zy haere zyde-houdende goederen daer by bezwaerd heeft met eene clausule van retour, als tot dies geropen hebbende haere hoirs naer het overlyden van A., het welke niet en kan gecenseert worden inutilyk te zyn gedaen, ofte met het inzigt van in de macht te laeten van A. haere hoirs daer van te berooven, ende deze stipulatie illusoir te maeken.

Waer jegens niet en obsteert dat by den zelven contracte gezeyd staet : " dat „ d'hoirs van d'eerst overledene zullen mogen deelen ende profyteren de im- „ meubele zyde-houdende goederen, die ten overlyden van den tweeden „ overleden nog zouden exteren ende in wezen mogen zyn, mits de conditie „ van *LANGST LEEFT AL*, buyten de immeubele goederen alsdan in wezen „ van d'eerste overledene te bevinden in het regard van alle andere ende voor- „ dere goederen zal moeten zyn effect ende uytwerkinge hebben." Waer uyt men zoude willen infereren dat d'hoirs van B. maer en zouden geropen zyn tot de zelve goederen indien zy exteren ofte dat het zelfste is, is het zaeken zy exteeren, mitsgaeders dat het contrarie van die conditie als nu occurerende zy tot de zelve goederen alle regt verloren hebben.

Want volgens den litteraelen ende grammaticalen zin van de voorschreven woorden, is het zaeken zy nog exteren, zoude die conditie geevenieert zyn, mits die goederen door A. veralieneerd als nog exteren, dat is in rerum naturra zyn, welken litteralen zin in de conventien moet gevolgd worden, om reden een contract eens aengegaen zynde op zekere conditien met bespreken, het in de magt niet meer en is van den eenen of den anderen der contactanten den litteralen zin

*van de woorden te veranderen , ende daer aen eene andere beteeckeninge t'zynen
faveur toe te schikken.*

*Voorders alwaer het zaeken dat men deeze woorden wilde nemen in eenen an-
deren zin , het zoude altyd waer blyven dat* A. *uyt kragte van diere , de faculteyt niet en heeft gehad van de gemelde zyde - houdende goederen te veralieren
naer de dood van* B. *om dat het eenen regel is gemeen aen alle conditien van ob-
ligatien , dat zy moeten gehouden worden voor volbragt als wanneer dien den welken onder de conditie verbonden was , belet heeft 't volbrengen van de zelve conditie ,* qui cumque sub conditione obligatus curaverit ne conditio existeret ,
nihilominus obligatur L. 85. §. 7. de verb. obligationibus, pò impleta habetur
conditio cum per eum stat , qui , si impleta esset debiturus esset L. 81. §. 1.
ff. de cond. et demonst. *Waer uyt volgt dat* A. *debiteur zynde van de voormelde
zyde houdende goederen , mits die gebonden waeren met eene clausule van retour
in het faveur van d'hoirs van* B. *door d'aliehatie der zelve niet en heeft konnen
beletten dat de zyd - houdentheyd van diere plaetze moet hebben ingevolge den
voorschreven regel , ende dat men die goederen aenzien moet als niet veralieneert ,
tot dies nog gevoegd dat* A. *hem geprevaleert heeft van eene captie willende tegen
den zin ende den geest van den hier vooren beroepen contracte uyt de voormelde
clausule* als dan in wezen , *deduceren dat hy geregt zoude geweest hebben de meer
gemelde zyde - houdende goederen te veralieneeren in prejuditie van d'hoirs van* B.
*ende dat die captie ofte illusoiren middel als strydende tegen de principien ende
de natuerelyke equiteyt niet en kan nogte en mag geadmitteert worden ,* liberalitatem enim captiosam interpretatio prudentum fregit L. 5. ff. de transactionibus.

Voorts aengezien dat het resulteert uyt de gestie van A. *in het veralieneren der
zelve goederen , dat zyn eenig inzigt geweest is , d'hoirs van zyne Huys-vrouwe te
berooven van de zelve zyde - houdende goederen aen hun geadstipuleert naer zyne dood ,
ende hem ende zyne hoirs daer mede te verryken , en kan dit gedoen anders niet
aenzien worden als voor frauduleus ende contrarie aen het inzigt der contractanten ,
waer toe hem zelfs de voorschreven clausule niet voordeelig en kan zyn , de rechten
dicterende dat men niet en vermag te stipuleren dat men de fraude ende het bedrog
niet en zal moeten caveren ;* nulla pactione effici potest ne dolus præstetur L.
27. ff. de pactis L. 23. ff. regules juris. *Aldus geadviseert te Gend, den 27
Maerte 1798. Ondertaekend ,* G. F. DE MOERLOOSE.

TRADUCTION.

VU par le soussigné l'exposé qui precéde , ainsi que le contrat de Mariage,
et examinées les questions y relatives.

L'avis est sur la premiere question que la clause y mentionnée , consiste
dans une exception de la premiere clause TOUT AU DERNIER VIVANT,
à cause que les immeubles de *B.* tenant côté et ligne y sont grevés d'une
clause de retour en faveur des héritiers de *B.* predécédée, et qu'*A.* suivant
le même contrat avoit la propriété de tous les autres biens y mentionnés,
sans aucune charge de retour.

Étant l'avis sur la deuxieme question , qu'il n'a pas été au pouvoir d'*A.*
survivant d'aliéner lesdits immeubles après la mort de *B.*, d'en priver les
héritiers de celle-ci et de s'enrichir lui-même , tandis qu'il resulte clairement

de la teneur et de l'esprit du susdit contrat de Mariage, que l'intention de
B. n'a pas été de gratifier *A.* généralement de tous ses biens ou de lui laisser
la faculté de se les approprier, vu qu'elle y a grevé ses biens tenant côté
et ligne d'une clause de retour, comme y ayant appellé ses propres héritiers
après le décès d'*A.*, ce qui ne peut s'entendre être fait inutilement, ni avec
l'intention de laisser au pouvoir d'*A.*, d'en priver ses héritiers et de rendre
illusoire cette stipulation. Ce non obstant qu'il est dit par le même contrat,
„ *que les héritiers de la predécédée pourront partager et profiter les immeubles tenant*
„ *côté et ligne, qui à la mort du second décédé existeroient encore, vu que la*
„ *clause de* TOUT AU DERNIER VIVANT, *hormis les immeubles de la predé-*
„ *cédée alors existans à l'égard de tous autres et ultérieurs biens devra avoir son*
„ *effet et exécution.*" D'où l'on pourroit inferer que les héritiers de *B.* ne seroient appellés à ces mêmes biens *au cas qu'ils existent*, ou ce qui revient au
même *s'ils existent*, de même que le contraire de cette condition présente-
ment étant arrivé ils auroient perdu tout leur droit aux mêmes biens.

Car suivant le sens littéral et grammatical desdits mots: *s'ils existent encore*,
cette condition seroit arrivée, vu que ces biens aliénés par *A.* existent encore,
ce qui veut dire être *in rerum natura*, lequel sens littéral doit être suivi dans
les conventions, par ce qu'un contrat une fois arreté sous certaines conditions,
il n'est plus au pouvoir de l'un ou de l'autre des contractans de changer le
sens littéral des mots et d'y approprier quelque autre signification en sa faveur.

De plus quand même on voudroit prendre ces mots dans un autre sens, il
resteroit toujours vrai de dire, qu'*A.* en vertu d'iceux n'a eu la faculté d'a-
liéner ces mêmes biens immeubles après la mort de *B.*, par ce que c'est une
regle commune à toutes les conditions des engagemens, qu'elles doivent être
tenues pour accomplies lorsque celui, qui étoit lié par la condition, a empê-
ché d'achever cette même condition, *quicumque sub conditione obligatus curaverit*
ne conditio existeret, nihilominus obligatur L. 85. §. 7. *de verb obligationibus, pro*
impleta labetur conditio cum per eum stat, qui, si impleta efset debiturus efset L.
81. §. 1. *ff. de cond. et demonst.* D'où il resulte qu'*A.* étant debiteur desdits
biens tenant côté et ligne, vu qu'ils étoient vinculés d'une clause de retour
en faveur des héritiers de *B.*, par l'aliénation d'iceux n'a pu empêcher l'effet
de leur lignalité, en conformité de la regle precitée, et qu'on doit envisager
ces biens comme non aliénés, à quoi l'on peut ajouter qu'*A.* s'est prevalu
d'un moyen captieux voulant contre le sens et l'esprit du susdit contrat deduire
de ladite stipulation *alors existans* qu'il seroit fondé d'aliéner lesdits immeubles
au prejudice des héritiers de *B.*, et que ce moyen captieux et illusoire comme
contraire aux principes de l'équité naturelle, ne peut être admis, *liberalitatem*
enim captiosam interpretatio prudentum fregit L. 5. *ff. de transactionibus.*

De plus comme il resulte de la gestion d'*A.* dans l'aliénation desdits biens
que son unique but a été de priver les héritiers de son Épouse desdits biens
leurs adstipulés après sa mort, pour s'enrichir lui et ses héritiers, ce fait ne
peut être regardé que comme frauduleux et contraire à l'intention des contractans, à quel effet même ladite clause ne peut le favoriser, vu que le droit dicte
qu'il n'est pas permis de stipuler qu'on ne doit point repondre de la fraude et
du vol; *nulla pactione effici potest ne dolus præstetur* L 27. *ff. de pactis* L. 23. *ff.*
regules juris. Ainsi avisé à Gand, le 27 Mars 1798. Signé, G. F. DE
MOERLOOSE.

DEUXIEME CONSULTATION

De J. VAN TOERS, ci-devant Conseiller Pensionnaire de la Chatelenie du Vieuxbourg de Gand.

GEzien by den onderschreven geconsulteerden copie van het contract van Huwelyk aengegaen tusschen Charles Dhont en Isabelle Claesman; gezien ook de sententien in den raede van Vlaenderen en Mechelen verleend, in de zaeke tusschen den zelven Charles Dhont ende d'hoirs van zyne eerste Huysvrauwe, de voornoemde Isabelle Claesman. Gelet op de bovenstaende vraegen uyt het zelve contract gedaen.

'T advys is op de eerste vraege, dat de clausule van het contract van Huwelyke by de zelve vraege getranscribeerd van nature is, dat zy restringeert de voorgaende stipulatie van het zelve contract LANGST LEEFT AL in dien zin, dat de hoirs van den overledenen langst levenden man, die uyt kragte van de stipulatie LANGST LEEFT AL hadden vermogen te deelen zelfs de goederen gekomen van den kant ende zyde van d'overledene Huysvrauwe uyt kragte der stipulatie by vraege vermeld van de successie dier goederen, zyn gesecludeerd, ende dat zy aldus moeten volgen den kant ende zyde van waer die gekomen zyn, dusdanig dat men zeggen mag, dat deeze clausule introduceert eene zyde-houdendheyd naer de dood van beyde de conjointen, volgende voorders uyt de clausule by vraege vermeld, dat de intentie van beyde de contractanten is geweest als conditie van hun aenstaende Huwelyk, te bedingen, voor het geëvenieerd geval van geene kinderen, dat den langst levenden zyn leven geduerende zoude gehad hebben de volle jouissance van het goed van de eerst stervende, ende dit met magt van de zelve te verteeren ende alieneeren, voor zoo veele hy zulks voor zyn eygen noodig zoude geoordeeld hebben; maer dat naer deszelfs dood de goederen die nog in wezen waeren, elks kant ende zyde moesten volgen, waer uyt volgt dat den langst levenden van de proprieteyt van het goed, komende van den kant ende zyde van de eerst stervende, niet en heeft vermogen te disponeeren, om zyne familie in prejuditie van de gene der eerst stervende, te verryken, aengezien de contractanten met de zelve stipulatie klaerlyk hebben gemanifesteerd, dat zy in geval van geene kinderen, het goed komende van elkanders kant ende zyde, liever zagen in handen van den langst levenden, als in de gonne van elks respective familie, doch naer de dood van beyde, liever in de handen der familie van welkers kant en zyde die gekomen waeren, als in de gene van de familie van den of de langst levende; Zynde by dien het advys op de tweede questie dat den langst levenden Charles Dhont niet en heeft vermogen de immeubele goederen, door zyne overledene Huysvrauwe agtergelaeten, te verkoopen, ende die te converteeren in andere goederen, aengezien hy zulks niet anders en heeft konnen doen als in fraude van de stipulatie, by eerste vraege vermeld, ende om tegens den wille ende intentie, zoo by hem als by zyne eerst overledene Huysvrauwe, by hun contract van Huwelyk klaerlyk gemanifesteerd haere familie te priveeren van de effecten der zyde-houdendheyd naer de dood van beyde bedongen, ende aldus zyne familie in prejuditie der gene van de eerst stervende te verryken, waer ontrent zeer applicabel schynt den 78 regel van rechte, dicteerende generaliter cum de fraude disputatur non quid habeat actor sed quid per adversarium habere non potuerit considerandum est. Door welken schynt te konnen gesolveerd

L

worden de objectie die de hoirs van Charles Dhont *zouden konnen trekken uyt de volgende clausule van het beroepen contract van Huwelyk :* zonder tot iets anders of voorderste konnen gereģt wezen, mids de conditie van LANGST LEEFT AL, buyten de immeubele goederen alsdan in wezen van d'eerste overledene te bevinden, in het regard van alle andere ende voordere goederen, zal moeten zyn effect ende uytwerkinge hebben.

Wordende den onderschreven des te meer in deze zyne opinie geconfirmeerd, op de twee voormelde vraegen, door de sententie in den raed van Vlaenderen verleend ende in den genen van Mechelen geconfirmeerd tusschen de moederlyke hoirs van de eerst overledene ende Charles Dhont, *by welke dezen lesten, niet jegenstaende de clausulen van zyn contract van Huwelyk hier vooren beroepen, geordonneerd is geworden, aen de eerste over te leveren* pertinenten staet van goede *van de naerlaetendheyd van zyne eerste Huysvrauwe, 'tgene op geen ander motif en schynt te konnen geweest zyn, als om dat die twee raeden de zelve clausulen niet anders en aenzagen als voor eene specie van fideicommis.* Gedelibereerd te Gend 27 Maerte 1798. *Onderteekend,* J. VAN TOERS.

TRADUCTION.

VU par le soussigné le contrat de Mariage entre *Charles Dhont* et *Isabelle Claesman*, vu aussi les jugemens rendus par les conseils de Flandres et de Malines, dans la cause entre le même *Charles Dhont* et les héritiers de sa première Femme ladite *Isabelle Claesman*. Reflechi sur les demandes faites d'après le même contrat.

L'avis est sur la première demande que la clause y subliniée est de nature à restreindre la precédente stipulation TOUT AU DERNIER VIVANT, dans tel sens que les héritiers de l'Époux survivant, qui en vertu de la stipulation TOUT AU DERNIER VIVANT, auroient pu hériter même les biens venus du coté de la defunte Épouse en vertu de la stipulation mentionnée, sont exclus de ces biens de la succession, qui ainsi doivent suivre le coté d'où ils sont venus, de façon que l'on peut dire que cette clause introduit une lignalité après la mort des deux conjoints; resultant en outre de la clause mentionnée dans l'expositif, que l'intention des contractans a été, comme condition de leur futur Mariage, de stipuler pour le cas arrivé de non enfans, que le survivant auroit eu sa vie durant la pleine jouissance des biens de la predécédée, avec le pouvoir de les depenser et aliéner pour autant qu'il auroit jugé necessaire pour lui-même, mais qu'après sa mort les biens qui existeroient encore tiendroient respectivement coté et ligne, d'où il resulte que le survivant n'a pu disposer de la propriété des biens venus du coté de la premourante, à l'effet d'enrichir sa propre famille au prejudice de celle de la predécédée, attendu que les contractans ont clairement manifesté par ladite stipulation qu'en cas de non enfans ils preféroient de voir leurs biens immeubles entre les mains du survivant qu'entre celles de leurs familles respectives, mais après la mort de tous deux, plutôt entre les mains de la famille d'où ils sont venus que de celle du survivant; étant par conséquent l'avis sur la deuxieme question, que le survivant *Charles Dhont* n'a pu vendre les immeubles delaissés par son Épouse, ni les convertir en d'autres biens, attendu qu'il n'a pu le faire autrement qu'en fraude de la stipulation mentionnée dans la premiere demande, et afin de priver la famille de son Épouse predécédée des effets de la stipulation en vertu de laquelle les biens doivent tenir coté et ligne après la mort du survivant, en conformité de leur intention clairement manifestée par le contrat de Mariage, et pour enrichir ainsi sa famille au prejudice de celle de la predécédée. A quoi paroit très applicable la 78 regle de droit, qui porte: *generaliter cum de fraude disputatur non quid habeat actor sed quid per adversarium habere non potuerit considerandum est*, ce qui peut resoudre l'objection que les héritiers de *Charles Dhont* pourroient former de la clause qui suit du precité contrat de Mariage : *sans pouvoir être en droit à quelque chose de plus, vu que la condition de TOUT AU DERNIER VIVANT, hormis les biens immeubles du predécédé, à trouver alors existans, devra à l'égard de tous autres et ultérieurs biens avoir son effet et exécution.*

Étant le soussigné d'autant plus affermi dans son opinion, sur les deux demandes qui precédent, par le jugement du conseil en Flandre, confirmé par celui de Malines, entre les héritiers maternels de la predécédée et *Charles Dhont*, qui, non obstant la clause de son contrat de Mariage precitée, a été condamné de confecter et delivrer auxdits héritiers *un état pertinent des biens* de la succession de sa premiere Épouse, ce qui ne paroit avoir pu être ordonné sur aucun autre motif, que par ce que les deux conseils n'ont envisagé lesdites clauses que comme une espèce de fideicommis. *Deliberé à Gand le 27 Mars 1798.* Signé, *J. VAN TOERS.*

TROISIEME CONSULTATION

De J. B. WIRIX, ci-devant Conseiller au Conseil
Souverain de Brabant.

GEzien by den ondergeteekenden den bovenstaenden casus met de vraegen daer uyt geformeerd, 't advys gedraegt:

Op d'eerste vraege, dat de leste clausule van het voorschreven contract van Huwelyk, bestaet in eene restrictie aen de eerste clausule van LANGST LEVENDE. AL; de woorden wel verstaende nogtans *denoteeren genoegzaem de zelve restrictie.*

Op de tweede vraege, vermeyne dat de veralieneringen gedaen door den langst levenden A. geen prejuditie en konnen toebrengen aen de hoirs van B., in gevalle A met de penningen, voortsgekomen van die veralieneeringen, andere goederen gekogt heeft, ofte zig daer door, by andere middelen verrykt ofte conquesten gedaen heeft; die nieuwe geacquireerde goederen ofte conquesten moeten gecenseerd zyn, te bestaen in eene specie van surrogatie, de verkogte goederen niet konnende gecenseerd worden niet, meer te exteeren ofte in wezen te zyn, welkers weerde nog in zyn patrimonie bevonden word, eo quod non absumptum intelligitur, quod in corpore patrimonii retinetur, *gelyk dit alles breeder opgehaeld word by* Voet, lib. 36. tit. 1. n.is 54, 55 et 56. *Men kan niet presumeeren dat B. aen haeren Man de magt zoude gegeven hebben van te mogen veralieneeren haere immeubele goederen, ofte hem daer van te ontmaeken in fraude van haere hoirs, en om hem daer mede te verryken ; men moet dan gelooven dat B. aen haeren Man geene andere magt* *gegeven heeft opzigtelyk tot haere immeubele goederen, als dat hy in zyn leven, in cas van geene kinderen, de libere dispositie heeft, gelyk eenen goeden vader des huysgezin met zyne eygene goederen doen zoude, om daer by te leven zoo in cas van noode als anderzins, ende 't is op dien voet dat moet gecenseerd worden dat B. aen A. gelaeten heeft in vollen eygendom ende proprieteyt haere immeubele goederen, et vice versa, mits retour en alles ter goeder trouwe.* Aldus geadviseerd binnen Brussel den 22 Germinal 6 jaer, 11 April 1798. (o. s) Onderteekend, J. B. WIRIX.*

TRADUCTION.

VU par le soussigné l'expositif qui precéde et les questions qui en sont formées ; l'avis porte :

Sur la premiere question, que la derniere clause dudit contrat de Mariage consiste dans une restriction de la premiere clause de TOUT AU DERNIER VIVANT les mots *bien entendu cependant*, demontrent assez la même restriction.

Sur la deuxieme question, j'estime que les aliénations faites par le survivant *A.*, ne peuvent apporter aucun prejudice aux héritiers de *B.*, dans le cas qu'*A* ait acquis d'autres biens avec les deniers provenus des mêmes aliénations, ou bien que par là il se seroit autrement enrichi, ou qu'il auroit fait des conquêtes ; ces biens nouvellement acquis ou conquêtes doivent être censés consister dans une espèce de surrogation, les biens vendus ne pouvant être reputés non existans, dont la valeur se trouve encore dans son patrimoine, *eo quod non absumptum intelligitur, quod in corpore patrimonii retinetur*, comme le tout est plus amplément deduit par *Voet, lib. 36. tit. 1. n.is 54, 55 et 56.* L'on ne peut présumer que *B.* auroit donné à son mari la faculté de pouvoir aliéner ses immeubles ou de s'enrichir en fraude de ses héritiers ; il faut donc croire que *B.* ne lui a donné d'autre pouvoir à l'égard de ses immeubles que la libre disposition sa vie durante, en cas de non enfans, de la maniere comme en useroit un bon pere de famille, pour en jouir tant en cas de besoin qu'autrement, et c'est sur ce pied qu'on doit entendre que *B.* a laissé ses immeubles en pleine propriété à *A. et vise versa* sauf retour et tout de bonne foi: *Ainsi avisé à Bruxelles le 28 Germinal an 6, 11 Avril 1798* (v. s.) Signé, *J. B. WIRIX.*

QUATRIEME CONSULTATION

Du Jurisconsulte B. DE GUCHTENARE, ci-devant Conseiller au grand Conseil de Malines.

LE soussigné ayant examiné l'exposé qui precéde et les demandes faites en conséquence, estime sur les premiere et deuxieme questions, que quelque denomination qu'on assigne à la stipulation qui fait l'objet de la premiere demande, il n'a dans les circonstances que l'exposé suppose, pas été permis à *A.* d'aliéner les biens immeubles y mentionnés aux fins et à l'effet y repris ; *fraus et dolus nemini patrocinantur.* L'équité à la quelle le système contraire repugne, donne aux héritiers de *B.* l'action necessaire ; la stipulation de nos mœurs, bien plus facile en cela que le droit romain, fait aisement accueillir en justice les actions, que l'équité commande.

Dès qu'il y a eu dol, fraude ou mauvaise foi, comme il n'y en a que trop dans les aliénations innumérables, dont il s'agit, le juge a dans tous les tems, même indépendamment d'aucune loi spéciale, du interposer son office, contre celui qui, en blessant l'amour du prochain, manque injustement à ses devoirs, envers ses concitoyens. L'authorité du juge doit, à ce sujet, agir bien plus promptement aujourd'hui que la déclaration des devoirs de l'homme et du citoyen a ajouté la force de la loi positive à ces principes éternels, gravés par la nature dans tous les cœurs, d'où derive le fondemens des actions fondées en équité.

On ne repetera pas ici ce qui a été dit precédemment par tant d'autres avis, rendus sur la matiere, on repondra seulement à l'objection, que d'après la clause du contrat de Mariage, reprise par l'exposé, les héritiers de *B.* n'ont *droit qu'aux biens immeubles obvenus du côté de* B. *qui ont encore existé au décès d'*A.

Cette objection est bien futile, car, puisque *A.* s'est enrichi du prix de ces Biens, ils existent ou sont censés exister dans son patrimoine dans la succession, énormément augmentée par leur valeur.

On ne doit point s'attacher à la lettre, mais à l'esprit de la clause, on ne peut en derober le sens, en sophistiquant sur des mots, la stipulation restrictive *wel verstaende nogtans, etc.* n'a naturellement parlant, pas le sens que les héritiers d'*A* y attribuent; elle n'est pas susceptible de cette latitude effrayante, de cette extension qu'ils lui donnent, car prise dans ce sens étendu, cette stipulation qui a eu pour but de restreindre celle de L A N G S T L E E F T A L, n'auroit au fond aucun effet, puisqu'il auroit dependu d'*A.* d'en rendre l'effet illusoire, en aliénant *tout*, or outre l'absurdité et l'injustice auxquelles cette extension prête une interprétation, qui detruit l'effet de la stipulation, ne peut être admise *verba enim cum effectu accipienda sunt.*

L. 5. §.
2. ff. ne-
quis eum
qui injus
voc.

D'ailleurs les biens fonds existent encore, puisque, n'ayant point peri, ils sont dans la nature, et quoiqu'il soit assez évident, que ce n'est pas de cette existence litteralement prise, que les contractans ont entendu parler, les héritiers de *B.* ne pécheroient pas plus contre les regles de l'interprétation, en se tenant strictement à ce sens litteral, que les héritiers d'*A.* ne le choquent, en soutenant que ces biens n'existent plus; ce soutenement revoltant contraire par lui-même à l'équité naturelle, heurte violemment le sens moral du contrat sainement entendu, et l'intention des contractans qu'on en doit deduire.

En effet l'hérédité n'est pas une chose corporelle, mais un droit, une chose, qui consiste dans des droits incorporels qui git en droit, *in jure consistit*, une pièce de terre, une maison, tels ou tels biens meubles ou immeubles, quel que soit leur nombre ou leur valeur, ne sont pas la succession, ces biens sont dans la succession, mais ils ne sont pas la succession, qui est une universalité, un tout à l'actif et au passif composé de tous les droit du defunt, cette universalité est partiellement composée du prix provenu des immeubles vendus, elle comprend ces objets, comme elle comprend les immeubles non aliénés; il est donc dans l'esprit du contrat et dans l'intention des contractans vrai de dire que, quant à l'effet, ces biens *existent* dans la succession de *B.* ou il doivent être renseignés en tirant la valeur, qui doit être bonifiée aux héritiers de *B.*, de la succession d'*A.*, dans l'université de laquelle cette valeur se trouve, la valeur remplace la

M

chose au profit des héritiers de *B*.; ces biens, quoique aliénés frauduleusement par *A*., existent donc encore pour eux ; il seroit captieux de dire le contraire, car l'existence ou la non existence ne pouvoit pas dependre de l'avarice et des caprices d'*A*., nommément point à l'effet d'attribuer à celui-ci la faculté prohibée par la coutûme, de s'avantager après le Mariage en s'enrichissant à son gré des depouilles de son Épouse ou de ses héritiers; les aliénations frauduleuses qu'*A*. s'est permis de faire de mauvaise foi en excédant les pouvoirs, *contra regulas honesti et æqui, contra boni viri arbitrium*.

Si la clause étoit entendue de la maniere que l'entendent les adversaires, elle renfermeroit un avantage indirect pendant Mariage, en effet cet avantage seroit peut-être considéré par certains juges, comme s'il étoit fait pendant Mariage, du moins indirectement. Les aliénations en question, faites par l'un des conjoints, pour s'avantager au préjudice des héritiers de l'autre, ont été faites après la consommation du Mariage. La clause en vertu de laquelle on s'est permis de faire ces aliénations, n'opére qu'après le Mariage, et pour autant que le Mari avantagé l'auroit bien voulu, la clause comme le pretendent les adverses, auroit remis tout au pouvoir du Mari, qui n'auroit été avantagé par le contrat, c'est-à-dire par cette clause, que pour autant qu'il se seroit avantagé soi-même après la célébration du Mariage, c'est-à-dire qu'il auroit été avantagé à l'égard des immeubles pour autant, et point plus avant, qu'après ladite célébration il auroit trouvé bon d'aliéner. *La defense des coutûmes de Flandres, faite aux conjoints de s'avantager pendant ou après Mariage*, comprend aussi les avantages indirects, les stipulations des contrat de Mariage, qui enfreignent cette prohibition coutûmière sont nulles, puisqu'on ne peut pas stipuler avec effet contre les lois prohibitives. C'est la même chose de faire une chose defendue, ou de la differer *in tempus prohibitum*; la loi 4. *C. de donation. ante. nupt.* est claire là-dessus. Le principe, que les conventions qui tendent à éluder une loi prohibitive, sont nulles, même dans les contrats de Mariage, est universellement reçu; les contractans pouvoient valablement stipuler : LANGST LEEFT AL, parce qu'ils se faisoient cet avantage avant le Mariage, dans un tems où les coutûmes permettent de s'avantager, et parce qu'en stipulant LANGST LEEFT AL, ils ne se donnoient point, *par le contrat même*, la faculté de rendre cette stipulation illusoire, c'est-à-dire de l'augmenter ou de la diminuer à volonté ; mais il sembleroit d'après tous ces principes, qu'ils ne pouvoient valablement restreindre la stipulation LANGST LEEFT AL, d'une façon qui auroit laissé au Mari la faculté de s'avantager après Mariage autant et aussi peu que bon lui sembleroit. La restriction combinée avec la stipulation LANGST LEEFT AL, l'ensemble du contrat présenteroit, dans le sens qu'y donnent les adverses, une faculté indirecte de se procurer des avantages, que les coutûmes flamandes semblent ne pas authoriser. Ces coutûmes statuent, qu'avant Mariage il est permis de faire tels contrats de Mariage qu'on trouve à propos, mais qu'après consommation de Mariage les conjoints ne peuvent plus s'avantager, sauf ce qu'on appelle *Tamlyk juweel*, ce dont il ne s'agit pas ici. Ces deux disposition combinées, dans lesquelles les coutûmes n'ont point voulu se contredire, determinent la faculté laissée aux futurs conjoints de s'avantager par contrat de Mariage. Cette faculté, qui paroit illimitée dans l'un article des coutûmes, est bornée dans l'autre. Nos placcards ont aussi adopté ces principes au point qu'ils ont declaré nulles les contre-lettres, lorsqu'on veut s'en servir pour detruire les stipulations du contrat de Mariage.

La defense , faite aux conjoints , de s'avantager pendant Mariage , comprend aussi les avantages indirects.

Si la loi qui n'a pas voulu se contredire, a permis aux futurs Époux de s'avantager par contrat de Mariage , elle a entendu , que ces gratifications fussent irrevocables , tellement irrevocables , qu'à la faveur du contrat , il ne dependit plus des conjoints ni de l'un ni de l'autre d'eux de se gratifier après la consommation du Mariage , ou de changer les dispositions du contrat , de les rendre illusoires ou d'en detruire l'effet.

Les conventions qui tendent à éluder une loi prohibitive , sont nulles, même dans les contrats de Mariage.

La clause dont il s'agit, entendue dans le sens des adversaires , tendroit à éluder ladite prohibition coutûmiere. Car cette clause , ainsi entendue, auroit attribué sinon expressement et directement dumoins implicitement et *indirectement* ou virtuellement la faculté de s'avantager pendant Mariage , elle auroit donné au Mari la faculté de rendre illusoire la stipulation : au SURVIVANT LE TOUT et de *diminuer* ou *d'augmenter* à volonté les avantages qui devoient en resulter ; elle lui auroit laissé le pouvoir de s'avantager après la consommation du Mariage autant et aussi peu que bon lui sembleroit , car dans le système de la partie adverse, il dependoit de lui d'aliéner , après la mort de son Épouse , autant et aussi peu qu'il vouloit ; si *Charles Dhont* s'étoit réservé expressement la faculté de s'avantager à son gré pendant Mariage , la stipulation seroit nulle de l'aveu de tout le monde. S'il n'a pas fait expressement cette réserve , on doit avouer qu'il l'a faite implicitement , ou tacitement au cas qu'on entende la clause dans le sens des adversaires. Car encore un coup, si comme ils le pretendent , il étoit le maitre absolu d'aliéner arbitrairement tous les immeubles de sa Femme, dont il eût voulu se defaire après la mort de celle-ci, et qu'il ait pu se les approprier exclusivement par le seul fait de l'aliénation, si dis-je, il avoit ainsi la faculté illimitée de se donner arbitrairement la propriété incommuable de tous les immeubles de son Épouse qu'il trouveroit à propos d'aliéner après sa mort, et qu'il n'eût point d'autre regle à suivre que sa seule volonté, sans devoir garder aucune mesure , sans même consulter la bonne foi , l'équité, l'honneur ou la decence, si tout, en un mot, étoit à sa disposition arbitraire , il pouvoit non seulement s'avantager à volonté après la consommation du Mariage, en aliénant après le trépas de sa Femme les immeubles delaissés par elle , mais il pouvoit encore en vertu de la clause en question, augmenter et diminuer, étendre ou restreindre, selon son bon plaisir, les avantages qu'il desiroit de se procurer après Mariage; les auteurs qui proscrivent la stipulation expresse des avantages pendant Mariage, entendent également proscrire cette stipulation, lorsqu'elle est faite implicitement, indirectement ou tacitement (7) sans cela ils traiteroient un cas, presque métaphysique : car quels flamands, surtout quels notaires flamands ignoroient assez les usages journalieres de leur pays, pour se réserver expressement contre le vœu de la loi, la faculté proscrite de s'avantager pendant Mariage, contre laquelle reclament toutes les coutûmes de Flandre sans exception. *Ainsi delibéré à Gand, en Floréal et Prairial an 6.* Signé , *B. DE GUCHTENARE.*

---

(7) Comme l'enseigne *Potbier*, voyez la note page 31.

CINQUIEME CONSULTATION

D'Emanuel Goubau, ci-devant premier Conseiller Pensionnaire de la Ville et Province de Malines.

Vu par le soussigné le memoire qui precéde et les demandes qui en résultent, le tout mûrement examiné, il est d'avis sur la premiere :

Que la condition au DERNIER VIVANT LE TOUT, comprend généralement tous les biens de la mortuaire de *B.* premourant, tant meubles qu'immeubles à l'exception des immeubles provenus du coté de *B.* predécédée, et qui ont existé au tems du décès d'*A.* survivant ; ces biens sont expressement exceptés de la condition au DERNIER VIVANT LE TOUT, et la clause du contrat est à cet égard claire et non susceptible du moindre doute, puisqu'il y est dit, que la condition au DERNIER VIVANT LE TOUT, devra sortir son effet *exceptés les biens immeubles*, etc.

Pour resoudre la deuxième question, il faut examiner et sonder quelle a été la volonté et l'intention des contractans lorsqu'ils ont passé leur contrat de Mariage, et quelles sont les obligations reciproques qui resultent de la clause en question, le sens naturel en est, que le premourant a aliéné au profit du survivant, tous ses biens à l'exception des immeubles, qui à l'époque du décès du survivant comme venus du coté du premourant existeroient encore ; ces immeubles ont été bien clairement retenus ou réservés au profit de leurs héritiers respectifs, et la réserve de cette espèce *est modus aliénationi adjectus* qui, du moment du contrat, donne droit à celui en faveur de qui la réserve est faite : *Stockmans decis. 45. n°. 7.* et tout le titre au cod. *de donationibus quæ sub modo,* etc.

Au surplus *B.* premourant n'a pas voulu priver ses héritiers *ab intestat* de ses immeubles, qui auroient pu exister à la mort d'*A.*, il ne les a pas laissés par contrat de Mariage au survivant, mais il a fait à leur égard une exception de la condition AU DERNIER VIVANT LE TOUT ; par conséquent les héritiers de *B.* ont un droit acquis *tam ex lege successionis quam ex contractu* à l'immeuble de *B.* qu'on trouveroit exister à la mort du survivant.

De cette observation preliminaire il résulte suffisamment, qu'il n'a pas été au pouvoir d'*A.* survivant d'aliéner ou de convertir les immeubles laissés par *B.* en autres biens pour se les approprier et s'enrichir aux depens des héritiers de *B.*, car abstraction faite que les biens fonds n'ont pas été detachés de la succession légale de *B.* qu'au cas et sous la condition expresse *qu'au décès d'A. ils n'eufsent plus existé*, et qu'on ne voit nulle part que *B.* auroit donné à *A.* la faculté de rendre à son gré cette condition destructive du droit aux immeubles réservés au profit des héritiers légaux, il est toujours certain, que le survivant devoit ensuite du contrat de Mariage prêter bonne foi.

Car dans ces sortes de contrats de *bonne foi*, les parties sont censées avoir promis de part et d'autre de ne rien faire qui puisse altérer en aucune maniere l'effet des stipulations reprises dans le contrat de Mariage, ainsi les héritiers de *B.* premourant ayant acquis droit aux immeubles provenus de son côté et existans à la mort d'*A.*, il étoit contraire à la bonne foi que ce dernier avoit promis à *B.* par son contrat de Mariage, d'aliéner les immeubles dans l'intention d'en priver les héritiers de *B.*

Les aliénations de cette espèce étant faites, *contractûs intervertendi causâ* seroient revocables *bonæ fidei judicio* à charge même des acquéreurs, au cas que les héritiers de *B.* voulussent employer ce moyen de préférence à celui de se faire indemniser par l'action *ex contractu antenuptiali* qu'ils ont à charge des héritiers d'*A.*

Il est encore à observer, que dans la ci-devant Flandre, la loi qui defendoit aux conjoints de s'avantager reciproquement après le lien du Mariage étoit très sévère.

Cette defense ne se bornoit pas seulement au tems du Mariage, mais elle s'étendoit même après la mort des conjoints, tellement que les coutumes defendoient les donations, qui ne devoient avoir effet qu'après cette époque.

Si l'on examine la clause dont s'agit sous ce rapport, si l'on soutient qu'*A.* survivant a pû aliéner les immeubles de son Épouse, et se libérer ainsi de la restitution qui devoit en être faite aux héritiers de *B.*, la clause est nulle, parce qu'elle accorde à un Époux la faculté de s'avantager durant ou après le Mariage.

En effet par le contrat de Mariage la donation AU DERNIER VIVANT LE TOUT, se trouve restreinte par rapport aux immeubles existans à l'époque du survivant, immeubles qui sont réservés aux héritiers du premourant.

Ainsi dans la supposition que le survivant ait pû aliéner les immeubles du premourant, en percevoir le prix à son profit, et libérer par ce moyen ses héritiers de les restituer aux héritiers du premourant, certes, que dans ce cas le survivant trouveroit dans la clause du contrat de Mariage dont s'agit le moyen de detruire la restriction apposée à la donation stipulée au profit du survivant.

Or il est certain que les stipulations aux profit des Époux, faites par contrat de Mariage ne peuvent être limitées, étendues ou modifiées d'une maniere quelconque pendant ou après le Mariage par le fait ou la volonté d'un des conjoints, sans qu'il n'en résulte quelque avantage pour l'un ou l'autre desdits conjoints, avantages sévèrement prohibés par toutes les lois de la Flandre.

Bref, les avantages stipulés entre Époux dans les contrats antinuptiels doivent avoir dès leur principe, et *a momento contractus*, toute leur force et leur perfection, il ne peut être laissé à la volonté d'un des conjoints, d'augmenter, de completter ou de diminuer après le Mariage une donation stipulée par le contrat antenuptiel d'après la maxime *idem est aliquid facere tempore prohibito et referre in tempus prohibitum.*

Cette jurisprudence est adoptée par nos meilleurs auteurs, *Voet, lib. 23. tit. 4. n.° 20.; Du Laury, arrêt 72 ; Pothier, Traité de la communauté n.° 55. ; Ricard, des Donations, part. 1. chap. 3. sec. 6. n.° 377. et seq.* et surtout *n.° 380.; Rudenburg, de Jure conjugum, tit. 6. cap. 4 n.^{is} 6, 7 et 8.*

Cet auteur s'explique ainsi, *n.° 8* : » *Quod diximus licere nemini conferre vel reji-*
» *cere confectionem in tempus prohibitum in hoc quoque dictum esto, ut contra tradi-*
» *tum sit, si stipulatio nuptialibus tabulis inserta contineat actum qui per se habeat*
» *perfectionem ita ut nullus præterea alius actus postea sit peragendus.* » D'où il infere que de nos mœurs les futurs Époux peuvent stipuler par contrat de Mariage, que le survivant ait en propriété les biens du premourant comme s'il étoit son héritier, parce que dit-il, cette stipulation a sa perfection dès le principe » *Suam*
» *quippe sibi firmitatem et complementum stipulatio ista habet, nec ullus alius postmodum*
» *actus tempore prohibito venit celebrandus sed sola promittentis expectanda mors qua*
» *promifsi dotalitii dies veniat.*

Ainsi, si la donation universelle dont parle cet auteur n'avoit pas été parfaite au moment du contrat de Mariage, tellement qu'il ne falloit qu'attendre *la mort* d'un des conjoints pour lui donner son entiere exécution, si les Époux avoient pû, en vertu de leur contrat antenuptiel, augmenter, completter ou diminuer cette donation durant ou après le Mariage, la stipulation d'après la doctrine surrapportée, eût eté nulle comme contrevenant au moins indirectement à la loi prohibitive.

Il en est de même ici : car *A.*, pour frustrer les héritiers de *B.* des immeubles, et pour s'en approprier irrevocablement le prix, devoit vendre lesdits immeubles, il n'avoit donc pas ces avantages d'une maniere parfaite par son contrat antenuptiel, mais pour l'obtenir il devoit *tempore prohibito* c'est-à-dire après la mort de *B.* se le procurer par des aliénations de maniere que cet avantage est de la nature de ceux qui d'après les principes rapportés par *Rodenburg* et les autres auteurs, sont sévèrement proscrits. *Ainsi avisé à Bruxelles ce 12 Thermidor an 6.* Signé, *EM. GOUBAU.*

SIXIEME CONSULTATION

De J. DRUGMAN, Ancien Conseiller Pensionnaire de la Ville de Bruxelles,

LE conseil soussigné qui a examiné la clause du contrat de Mariage ci-dessus repondant aux deux demandes qui en sont formées par les héritiers de *B.*, est d'avis : 1.° Que la clause LANGST LEEFT AL est modifiée par l'explication qu'y donnent de suite les contractans : "*Wel verstaende nogtans dat naer het over-* " *lyden van den langst leevenden van hun beyde, de hoirs van den eerts overleden,* " *zullen moogen deelen en profyteeren de immeubele goederen de welke ten tyde van het* " *overlyden van de tweede overledene, als gekomen van de zyde van d'eerst overledene,* " *nog zouden exteeren ende moogen in weezen zyn ,,.* Cette explication que donnent les contractans à la clause LANGST LEEFT AL, la modifie complettement, et restreint l'abandon de la succession du premourant en faveur du survivant, quant à la pleine propriété, aux seuls biens meubles et aux immeubles acquis pendant la communauté conjugale, les autres biens immeubles venant du côté du premourant étant reservés aux héritiers légaux du premourant, *als gekomen van de zyde van d'eerste overledene*, avec la clause et condition, qu'ils n'entreroient en jouissance et ne pourroient les partager qu'après le décès du dernier vivant, *naer het overlyden van den langst leevenden, ... zullen moogen deelen en profyteeren.*

Envain les héritiers de *A.* pretendent-ils qu'on doive donner à la clause LANGST LEEFT AL une latitude illimitée, sauf les biens encore existans en nature au décès de *A.*, cette explication ne peut se soutenir lorsqu'on laisse liée comme elle l'est dans le contrat de la clause LANGST LEEFT AL, avec la modification *wel verstaende nogtans, etc. etc.* Il est évident que cette clause ne peut opérer isolement, vu que les contractans l'ont restreint et limitée, *in continenti*, ils ont expliqué ce qu'ils entendoient par LANGST LEEFT AL, *savoir ou bien entendu :* que par là ils n'excluent pas leurs héritiers respectifs de la succession de leurs immeubles tenant côté et ligne ; quels immeubles seront partagés par les héritiers du premourant à l'époque du décès du dernier vivant, ces biens, *als gekomen van de zyde van d'eerste overledene*, n'étant pas compris quant à la pleine propriété dans la clause LANGST LEEFT AL. Cette interprétation qui est la seule naturelle et conforme au dispositif des coutumes de Flandre, comme nous l'établirons ci-après, est d'ailleurs confirmée par l'explication finale qu'y donnent les contractans : " *Mits de conditie van* LANGST LEEFT AL, *buyten de* " *immeuble goederen alsdan in weezen van d'eerst overledene te bevinden, in het re-* " *gard van alle andere en voordere goederen, zal moeten haer effect en uytwerkinge* " *hebben.* „ La clause AU DERNIER VIVANT LE TOUT, enveloppant tous les biens autres que les immeubles alors existans du premourant, s'étend aux autres biens, de sorte que les héritiers du premourant n'auront droit qu'aux immeubles provenant du côté du premourant, et qui devront se trouver existans au décès du dernier vivant, cette expression *te bevinden* est plus imperative que conditionnelle et prouve que les contractans ont expressement stipulé et sont convenus que les biens provenus du côté du premourant seroient conservés intacts par le dernier vivant, et passeroient ainsi aux héritiers du predécédé, qui les partageroient seulement après le décès du dernier vivant. La phrase *de goederen alsdan in weezen te bevinden,* ne peut être mieux traduite dans le sens des contractans, qu'en disant, *les biens qui devront alors se trouver existans,* les contractans ne peuvent avoir mis en doute si ces biens existeroient ou non, et l'on ne peut dire que la traduction seroit fidele par les mots, les biens immeubles etc., s'ils se trouvent alors exister *te bevinden* n'annonce point du conditionnel mais du positif ; les contractans expriment leur volonté que ces biens se trouveront existans, et que c'est à ceux-là que doivent se borner les héritiers du premourant. L'existence de ces immeubles n'est pas une condition mais une désignation formelle, qui prouve que les contractans entendoient que les immeubles venus du côté du predécédé existeroient encore au décès du dernier vivant, comme ils l'avoient déjà annoncé plus haut : *als gekomen van de zyde van d'eerst overledene.* Faire dependre le droit des héritiers du premourant de l'existence en nature des biens delaissés par *B.*, ce seroit laisser à la volonté du dernier vivant la disposition de ces biens, ce seroit donner le pouvoir aux conjoints de s'avantager à volonté pendant Mariage et après, ce qui est formellement prohibé par les coutumes de Flandre, cette interprétation ne peut donc être adoptée, vu que le resultat en seroit la nullité de la clause même, or il est de principe qu'il faut au contraire interpréter les contrats de façon que tous les termes en soient opérans ; il est donc évident qu'on ne peut admettre l'interprétation des héritiers *A.*, cette interprétation renversant la clause même ou la rendant nulle, car non seulement les conventions qui derogent expressement et ouvertement aux lois qui defendent les donations entre Mari et Femme, sont nulles, mais toutes celles même qui tendent indirectement à laisser aux Époux le pouvoir de se faire pendant Mariage quelqu'avantage indirect defendu par la loi, sont pareillement nulles comme l'enseigne *Pothier n.º 7.* dans son discours préliminaire au traité de la communauté entre Mari et Femme, *in verbis ; non seulement les conventions qui contrediroient ouvertement une loi prohibitive, celles même qui tendent à l'éluder doivent être declarées nulles quoique portées par des contrats de Mariage.* De la resulte que la clause interprétée dans le sens que lui prêtent les héritiers *A.*, ne pourroit se soutenir dans les pays regis par les coutumes de Flandre, ou que cette stipulation clairement exprimée par contrat seroit nulle ; il seroit donc absurde dans le cas de doute de donner telle interprétation tandis que la phrase se prête naturellement à une interprétation qui laisse à tous les termes leur effet. D'ailleurs il est aussi de principe que dans l'interprétation des clauses et conditions d'un contrat de Mariage, on s'eloigne le moins possible du droit établi par la coutume locale, et que l'on restreigne les liberalités, c'est ce qu'enseigne *Voet, ad ff. de pactus totalibus n.º 74.*

(52)

talem denique pacta dotalia videntur recipere oportère interpretationem ut quam minimè à jure communi statutario per ea recefsum intelligatur ac comprehensa iis liberalitas restringatur.

D'après ces principes on doit donc admettre de preférence l'interprétation qu'y donnent les héritiers de *B.*, comme étant la plus simple, la plus naturelle, la plus conforme au dispositif des coutumes de Flandre, et comme conservant à tous les termes du contrat leur effet, tandis que l'interprétation des héritiers *A.* est contraire aux coutumes, et rendroit une partie de la disposition sans effet.

Enfin, si la clause pouvoit être douteuse, si l'on pouvoit balancer entre les deux interprétations, la cause des héritiers du sang ne devroit-elle pas faire pancher la balance en leur faveur ? appellés par la loi à la succession de leur parente, ils devoient avoir de droit tout ce que celle-ci ne leur a pas ôté, et lorsqu'il y a du doute si telle ou telle partie des biens leur est ôté, on doit se prononcer contre les étrangers qui veulent écarter les héritiers du sang. Ce principe est d'autant plus adoptable ici que les contractans ont appellés formellement leurs héritiers à leurs biens immeubles provenus de leur côté respectif et partageables après le décès du dernier vivant. Pour que les héritiers de la predécédée pussent être privées des biens immeubles provenus de son côté, il faudroit que ces biens leur eussent été ôtés expressement par le contrat; or loin qu'on les en ait privés, ils sont clairement appellés à les partager après le *décès du dernier* vivant; la premourante doit donc être censée avoir laissée à sa mort la propriété nue de ces biens à ses héritiers, avec la clause que ces biens ne seroient partageables qu'après le décès du dernier vivant.

Passant maintenant à la seconde question, elle trouve sa solution dans l'explication ci-dessus; car si les contractans ont entendu appeller leurs héritiers respectifs à la propriété des biens immeubles tenant côté et ligne, avec la clause cependant, que les héritiers du predécédé ne partageroient ces biens qu'après le décès du dernier vivant des deux contractans, il s'ensuit que ce dernier n'a jamais eu le droit de vendre ou aliéner ces biens immeubles; et dans la supposition gratuite que l'intention des contractans eût été de laisser au dernier vivant plein pouvoir de regir ces biens propriétairement d'y faire des changemens, d'en vendre quelques-uns pour améliorer ou restaurer les autres, dans la supposition, dis-je, que l'on puisse donner cette interprétation à la clause du contrat de Mariage ci-dessus reprise, encore ne pourroit-on en déduire la conséquence, que le dernier vivant auroit eu le droit ou le pouvoir d'aliéner la majeure partie des biens du predécédé, car il n'en resteroit pas moins vrai que la predécédée avoit appellés ses héritiers à tous ses biens immeubles, tenant côté et ligne, et qu'elle avoit différée leur jouissance jusqu'à l'époque du décès du dernier vivant des deux contractans, on ne pourroit donc en induire qu'une continuation de communauté en faveur du dernier vivant, et celui-ci seroit entretems chargé de regir ces biens en bon pere de famille, et à son égard, si quelques aliénations pouvoient être autorisées, la loi exigeroit la bonne foi, et donneroit l'exclusion à toute fraude, *argumento L. 3. § 2. ff. de usuris ea quæ bonæ fide diminuta sunt non comprehenduntur et L. 58. § all. ad senat. cons. trebel. si non in fraudem id factum fit* L'autorisation contractuelle ne peut avoir plus de latitude au cas présent, parce que les lois ou coutumes Prohibitives des avantages directs entre conjoints pendant le Mariage, enveloppent également la prohibition de tout avantage indirect, et ne permettent conséquemment pas que les futurs Époux s'autorisent par contrat de Mariage à se faire dans un tems prohibé des avantages que la loi proscrit ; *paria funt aliquid fieri tempore prohibito aut conferri in tempus prohibitum, Dulaury, arrêt 72.*

Mais est il bien vrai que l'Époux superstit *A.* ait aliéné des biens patrimoniaux de *B.*, de façon à en priver les héritiers de *B.*, et que ceux-ci ne puissent plus retrouver ces biens? *A.* a vendu et acheté des biens, le prix des biens vendus ou d'autres biens surrogés à la place de ceux vendus ne representent-ils pas les biens patrimoniaux de *B.* ? c'est ce qu'il faut examiner.

Le dispositif des lois et le sentiment des jurisconsultes sur cette question ne laissent aucun doute, nous n'entrerons pas en grande discussion sur cet objet, les citations vont décider; *Ulpien* dans la loi 70. § 3. *de legatis* 2. et dans la loi 71. au même titre s'explique en ces termes : *cum autem rogatus quidquid ex hereditate supererit post mortem suam restituere, et pretio rerum venditarum alias comparat diminuifse quæ vendidit non videtur sed quod inde comparatum est, vice permutati dominii restituetur.*

Pothier dans son traité de la communauté, *part. 1. chap. 3. sect. 1.* enseigne que si l'un des conjoints avoit pendant le tems intermédiaire converti en mobilier les immeubles qu'il avoit lors de son contrat de Mariage, dans le dessein de faire entrer le mobilier dans la communauté, et d'avantager par ce moyen l'autre conjoint, ce mobilier en doit être exclus, et il donne pour raison, *que sans cela ce seroit un avantage qu'il feroit à l'autre conjoint dans un tems prohibé.* Nous ajouterons à ces autorités la jurisprudence des arrêts, *Du Laury, arrêt 2.* nous donne à connoître l'opinion des juges dans les tribunaux de la Flandre, même au sujet des biens situés ailleurs où les conjoints peuvent s'avantager pendant le Mariage, et il dit que les juges distinguent et admettent les avantages faits par testament, si les biens appartenoient au testateur avant le Mariage, et annullent les dispositions si les biens ont été acquis pendant le Mariage, parce qu'on suppose qu'ils ont été acquis pour frauder la coutume; d'où l'on doit conclure que les biens achetés pendant la communauté conjugale, avec les deniers du prix de vente des biens de l'un des conjoints ont la même nature et sont censés surrogés aux biens vendus, et les nouvelles acquisitions font partie du patrimoine de celui des deux conjoints dont les biens ont été vendus. Ainsi donc les biens patrimoniaux de *B.* d'après les principes ci-dessus établis n'auroient pu être vendus par elle pour en appliquer le produit en faveur d'*A.*, à plus forte raison, *A.* n'a-t-il pu vendre ces biens de *B.* pour s'enrichir lui-même, pour s'avantager pendant le Mariage ou après le décès de *B.*, les acquisitions qu'il a faites avec les deniers provenus de la vente des biens de *B.* sont des remplois légaux, ces biens sont surrogés aux biens venus du côté de *B.* et doivent être censés dans son patrimoine. En un mot il est prouvé qu'il n'auroit pas été permis à la Femme de vendre ses biens, pour avantager son Mari, comment pourroit-on supposer qu'il lui auroit été permis d'autoriser son Epoux à cette vente pour l'enrichir au préjudice de ses héritiers légitimes qu'elle a appellés formellement à la propriété de ces biens.

Resumons; les contractans n'ont pas eu la faculté de stipuler et consentir tels avantages par leur contrat de Mariage, les loix y sont obstatives, et de plus, l'eussent-ils pu, ils ne l'ont pas voulu, puisqu'ils ont appellé leurs héritiers respectifs à la propriété de ces biens, n'en retardant que le partage et la jouissance, de sorte qu'en termes de droit l'on pouvoit dire, quant à la propriété nue de ces biens que les héritiers *B.* avoient un droit acquis dès l'époque de sa mort *dies cefserat* comme l'enseignent les jurisconsultes, et nommément *Pothier ad pand. justin. tit. de effectu legat. Legatorum quæ pure vel in diem certam relicta sunt dies cedit a morte testatoris.* Ces reflexions doivent suffire pour prouver que les biens patrimoniaux de *B.* qu'*A.* peut avoir vendus pour en acheter d'autres, sont représentés par ces nouvelles acquisions qui sont censées représenter les biens patrimoniaux de *B. vice permutati dominii. Ainsi délibéré à Bruxelles ce 19 Nivôse an 10.* Signé, *J. DRUGMAN.*

O

SEPTIEME CONSULTATION

Des Jurisconsultes HOSSELET et E. J. POULLET, ancien Conseiller Pensionnaire de la Ville et Province de Malines.

GEzien by de onderschrevene rechtsgeleerde de voorenstaenden contracte van Huwelyke, en de vraegen daer uyt gedaen, op alles wel rypelyk gelet;

'T ADVYS is : Op d'eerste vraege, dat de leste clausule van het voorschreven contract, behelzende dat naer het overlyden van beyde de contractanten, de hoirs van de eerst overledene zullen moogen deelen en profyteeren, de immeubele goederen de welke ten tyde van het overlyden van de tweede overledene als gekomen van de zyde van d'eerst overledene nog zouden exteeren en moogen in weezen zyn *, eene exceptie is van de eerste clausule generale van* LANGST LEEFT AL, *dit is niet alleen te deduceeren uyt de natuere der leste stipulatie, nemaer ook uyt de woorden zelfs van het voorgemelde contract, waer in zig bevind*, dat buyten de immeubele goederen hier boven aengeraekt *de clausule van* LANGST LEEFT AL *zal plaets grypen.* (8)

---

(8) Cette opinion est conforme à celle du citoyen *Beyts*, commissaire actuel du gouvernement près du tribunal d'appel séant à Bruxelles, qui ayant été consulté sur différens points, par les héritiers *Claesman*, a rendu son avis le 6 thermidor an 6, lequel se trouvera en entier au second tome de ce recueil; voici comme ce jurisconsulte s'exprime à l'égard de cette premiere question:

" *Het is zeker en zonder eenigen den minsten twyffel dat de clausule van het voorschreven*
" *contract, behelzende,* dat naer het overlyden van beyde de contractanten, de hoirs van
" de eerst overledene zullen moogen deelen en profyteeren de immeubele goederen de welke
" ten tyde van het overlyden van den tweeden overleden als gekomen van de zyde van d'eerst
" overledene nog zouden exteeren en moogen in weezen zyn *: reëelyk en effectivelyk bestaet*
" *in eene exceptie of om beter te zeggen in* eene restrictie *van de andere clausule* LANGST LEEFT AL.

" *De preuve van deeze eerste resolutie (behoudens dat d'evidentie van diere aen een ieder, uyt*
" *d'enkele natuere van de zaek moet voor d'oogen springen) resulteert directelyk uyt de woor-*
" *den van het zelve contract: want in den eersten artykel, in cas van kinderen word alreede ge-*
" *vonden deeze phrase:* dit nogtans in den verstande en ristrictie zoo als hier naer zal gezeyd
" worden; *waer door zekerlyk de contractanten zelve enonceeren, dat de dispositien verder in*
" *het contract gestipuleerd, restrictien en limitatien zyn op d'eerste grond - conventien door hun*
" *te vooren ter neet gezeyd.* "

" *Ten tweeden, in de gestipuleerde clausule zelve word in expresse woorden gezeyd :* mits de
" conditie van LANGST LEEFT AL, buyten de immeubele goederen alsdan in weezen, van
" d'eerst overledene te bevinden, *in het regard van alle andere voordere goederen, zal moe-*
" *ten zyn effect en uytwerkinge hebben.* "

" *Dus :* de conditie van LANGST LEEFT AL, moet haer effect en uytwerkinge hebben, op
" alle andere voordere goederen, *als de gonne nu aenstonds te mentionneeren.* "

" *Ende :* de immeubele goederen alsdan in weezen van d'eerste overledeen te bevinden blyven
" daer buyten; *dat is, buyten het effect van d'eerste clausule van* LANGST LEEFT AL. "

" *'T is dan zonder replique bewezen dat deeze tweede clausule buyten de immeubele goederen*
" *etc. eene exceptie maekt aen de generaele stipulatie van* LANGST LEEFT AL. "

TRADUCTION.

" Il est certain et sans le moindre doute, que la clause du précité contrat, portant : *qu'a-*
" *près le décès des deux contractans, les héritiers du premourant pourront partager et profiter*
" *les immeubles qui lors du décès du survivant comme venus du côté du premourant, pourroient*
" *encore exister,* consiste réellement et effectivement dans une *exception,* ou pour mieux dire
" dans une *restriction* de l'autre clause de TOUT AU DERNIER VIVANT."

" La preuve de cette résolution (sauf que son evidence doit sauter aux yeux de chacun
" par la simple nature de la chose,) resulte directement des termes du même contrat: car
" au premier article en cas d'enfans, se trouve déjà cette phrase : *ce néanmoins dans l'esprit*

Op de tweede vraege, dat het in de faculteyt niet geweest is van den langst leevenden, de voorzeyde immeubele goederen in fraude van de stipulatie der eerst stervende te veralieneeren en die in andere goederen te converteeren ; te meer A. het vierde van zyn revenu niet verteerd hebbende, zyne conduite directelyk doet zien dat zyne intigten maer geweest en hebben, van te berooven die de welke de eerst stervende geroepen heeft, van de goederen die zy voor hun gedestineerd hadde ; dit als eene maxime der jurisprudentie aengenomen zynde, is door menige vonnissen geconfirmeerd geworden en zelfs bevestigd door het arrest van den grooten raede, confirmatif van den vonnisse van den raede van Vlaenderen van den 3 Juny 1775. Mechelen den 18 Germinal 6.de jaer. Onderteekend, HOSSELET, en E. J. POULLET.

TRADUCTION.

VU par les soussignés hommes de loi, le contrat de Mariage qui précéde, et les demandes faites en conséquence le tout bien murement pesé.

L'AVIS est: que la derniere clause du contrat susmentionné, portant qu'après la mort des deux contractans, les héritiers du premourant pourront partager et profiter les biens immeubles qui lors de la mort du second décédé *pourroient encore exister* est une exception de la premiere clause générale de TOUT AU DERNIER VIVANT, cela n'est pas seulement à deduire de la nature de la derniere stipulation, mais aussi des termes même du precité contrat, auquel se trouve que *hormis les biens immeubles ci-dessus mentionnés* la clause de TOUT AU DERNIER VIVANT aura lieu. (9)

Sur la deuxieme demande, qu'il n'a pas été au pouvoir du survivant d'aliéner les dits biens immeubles en fraude de la stipulation de la predécédée et de les convertir en d'autres biens, d'autant plus qu'*A.* n'ayant point depensé le quart de son revenu, sa conduite demontre directement que ses vues n'ont été que de priver ceux que la predécédée avoit appellés, des biens qu'elle leur avoit destinés. Ceci étant reçu comme une maxime de jurisprudence est corroboré par quelques jugemens et même confirmé par l'arrêt du grand conseil de Malines confirmatif du jugement du conseil en Flandre du 3 Juin 1775. *Malines le 18 Germinal an 6.* Signé, *HOSSELET*, et *E. J. POULLET.*

Observations ultérieures du même Jurisconsulte Hosselet.

Abstrahant des moyens qui doivent faire rejetter le contrat dont s'agit, comme ne paroissant que l'effet d'une vraie machination, approfondissons les stipulations

---

„ *et restriction comme sera dit ci-après*, par ou certainement les contractans expriment „ eux-mêmes que les dispositions ultérieuremens stipulées sont des restrictions et limitations „ des conventions fondamentales déjà par eux arrêtées."

" En second lieu, il est dit en termes exprès dans la clause stipulée : *puisque la condition* „ *d'*AU SURVIVANT LE TOUT, *hormis les biens immeubles du predécédé à trouver alors* „ *existans, devra à l'égard de tous autres et ultérieurs biens avoir son effet et exécution.*"

" Donc la condition de TOUT AU DERNIER VIVANT, *doit avoir son effet sur tous* „ *autres ultérieurs biens*, que ceux à nommer d'abord."

" Et les biens immeubles *de la predécédée à trouver* alors existans, restent *exceptés*; c'est „ à dire de l'effet de la premiere clause de TOUT AU DERNIER VIVANT."

" Il est donc démontré sans replique, que cette deuxieme clause, hormis les biens immeu „ bles etc. fait une exception à la stipulation générale de TOUT AU DERNIER VIVANT."

(9) Voyez la note precédente, pag. 54.

y reprises , et voyons si les héritiers *D'hont* en supposant la validité de l'acte, pourroient en deduire quelque chose en leur faveur.

On trouve d'abord dans ce contrat de Mariage , que les conjoints y distinguent deux cas , savoir celui d'enfans à procréer de leur Mariage, et celui où il ne naitroit pas d'enfans. Dans le premier cas les conjoints se conforment presqu'entièrement au dispositif des coutumes du ci-devant franc de Bruges, sauf que les meubles y sont stipulés au profit du survivant. Dans le second cas qui est arrivé, la disposition des conjoints porte en termes :

" Mais en cas que ledit Mariage viendroit à se dissoudre sans enfans nés ou
" apparens de naître , la volonté et le vœux des parties contractantes sont comme
" condition du même leur Mariage futur, que le survivant ou la survivante d'eux
" deux aura et retiendra en pleine propriété généralement tous les biens de la
" mortuaire tant meubles qu'immeubles, actions, émolumens et crédits, rien ex-
" cepté ni réservé, de façon qu'en cas de non enfant ou enfans, la condition de
" AU DERNIER VIVANT LE TOUT, *aura lieu*, bien entendu cependant, qu'a-
" près le décès du survivant *d'eux deux les héritiers du premourant pourront parta-*
" *ger et jouir des immeubles*, lesquels comme venus du côté du premourant exis-
" teront encore à l'époque du décès du survivant, sans avoir droit à quelque chose
" d'autre ou de plus, *parce que la condition de AU DERNIER VIVANT LE TOUT*
" *à l'exception des immeubles du premourant alors à trouver existans aura son effet*
" *et son exécution à l'égard des autres biens.* „

Telle est cette stipulation importante que les héritiers *D'hont* efforcent d'interpréter a leur avantage, non obstant que les termes clairs et précis dont les conjoints se sont servis , denotent évidemment que l'avantage accordé au survivant, par la clause de AU DERNIER VIVANT LE TOUT est limitée aux biens meubles et acquets et n'a pu frapper les biens patrimoniaux de la premourante, que quant à la jouissance dont elle a bien voulu favoriser son Époux, si jamais ce contrat pourroit être envisagé comme valide.

Pour demontrer à l'évidence que la stipulation dont s'agit , a conservé aux héritiers d'*Isabelle Claesman* , les biens patrimoniaux qu'elle a delaissés, on n'a qu'à observer que selon les maximes de nos droits coutumiers consacrés par la nouvelle législature, toutes les dispositions tendantes à faire opérer les lois en faveur des héritiers du sang, sont favorables, que tout ce qui a pour but de les dépouiller des biens que la loi, que la nature leur a destinés est odieux et de stricte interprétation.

D'où s'en suit, qu'en cas de doute il faut toujours rapprocher l'esprit des stipulations qui concernent les héritiers légaux, à celui de la nature et des lois qui militent en leur faveur. Mais la clause du pretendu contrat de Mariage est elle obscure? Non , la disposition des conjoints est claire et précise, il ne faut que jetter un coup d'œil sur sa teneur pour en saisir le sens.

En effet la premiere partie de cette stipulation contient une disposition générale en faveur du dernier vivant de tout les biens meubles et immeubles, et les conjoints ajoutent à cette leur disposition, *cette clause remarquable*. De façon qu'en cas de non enfans, la condition AU DERNIER VIVANT LE TOUT, aura lieu. Si on n'envisageroit que cette clause seule, on devroit avouer de bonne foi, que puisqu'il a été toujours libre à des futurs conjoints de s'avantager de tous leurs biens par contrat de Mariage en cas de non enfant ou enfans, cette clause, en supposant la validité de l'acte, auroit rendu le nommé *Charles Dhont* héritier universel de sa femme et propriétaire absolu des biens delaissés par elle.

Mais comme il seroit du premier ridicule de vouloir juger de la teneur et de la substance d'un contrat sans en avoir examiné les clauses intégrantes, l'ordre des choses nous porte à la clause finale de la susdite stipulation. Par cette clause les contractans declarent que la condition sus-mentionnée AU DERNIER VIVANT LE TOUT, n'auroit pas eu lieu indéfiniment à l'égard de tous les biens à delaisser par la premourante, comme il étoit dit au premier membre de la disposition dont s'agit, *mais qu'elle auroit eu son effet, son exécution, à l'exception des immeubles de la premourante encore existans à l'époque du décès du survivant*

Quand on passe légérement sur le contenu de ces dispositions remarquables on diroit que dans ces stipulations il y a une contradiction apparente; mais quand on en approfondit le sens, quand on considére quel a été le but de l'avide *Charles Dhont*, on trouve ces stipulations rédigées avec art, on doit se convaincre qu'elles ont rempli pour autant que possible les vues du même *Dhont* en conservant toutes fois la volonté bien prononcée d'*Isabelle Claesman*, et son désir de conserver à ses héritiers du sang les biens qu'elle delaisseroit proveniant de son côté et ligne.

Car en premiere lieu *Charles Dhont* voyant le réfus de sa Femme de priver ses héritiers des biens patrimoniaux qu'elle alloit delaisser, tacha au moins de se procurer un titre pour rester sa vie durante dans la possession et jouissance de ces biens et ôter à tous égards aux héritiers du sang les avantages que leur donnoit la maxime coutumière, *le mort saisit le vif.* Il vouloit en second lieu prevenir les inconveniens auxquels il auroit été exposé, si, entre les parties contractantes, il avoit été simplément stipulé, que le survivant n'auroit eu que la propriété des meubles et acquets et la jouissance sa vie durante des biens patrimoniaux de la premourante. Il vouloit enfin prevenir tous les procès et mettre les parens de sa Femme dans le cas de devoir vérifier eux-mêmes la nature des biens que, quant à la propriété, ils auroient pu reclamer sur lui, qu'ils auroient soutenu être exceptés de la stipulation générale.

Voilà la raison pourquoi on a fait precéder à la clause exceptionnelle la stipulation générale *que la condition AU DERNIER VIVANT LE TOUT auroit opéré en faveur du survivant des conjoints.* Voilà pourquoi *Dhont* n'a fait inserer la stipulation en faveur des héritiers du sang que pour la forme de clause limitative de la premiere stipulation générale. Car moyennant ce le même *Dhont* pouvoit se dire héritier universel propriétaire de tous les biens trouvés à la mortuaire de sa Femme tant et si longtems que les héritiers du sang ne lui désignoient pas, ne lui prouvoient pas que tel ou tel bien devroit être excepté de la stipulation générale en sa faveur; de cette maniere *Dhont* avoit atteint son but sans altérer la volonté immuable de sa Femme; qui n'entendoit pas delaisser à son Mari la propriété, la libre disposition d'autres biens que ses meubles et acquets immeubles à delaisser par elle.

Quand on apprécie, avec cette impartialité qui caractérise le juge intégre, toutes ces observations, on ne trouvera plus d'obscurité, plus de contradictions dans les stipulations dont s'agit, car les premiers qui suivent la stipulation générale denotent déjà que les contractans vont faire une exception à leur disposition precédente, la phrase suivante nomme les héritiers du premourant, regle le partage et dispose des biens patrimoniaux à delaisser par lui; voici comme les conjoints s'expliquent:

" *Bien entendu cependant,* disent-ils, *qu'après le décès du survivant d'eux, les héritiers du premourant pourront partager et jouir des immeubles . . . . . venus du côté du premourant . . . . . sans avoir droit à quelque chose de plus, parce que la condition AU DERNIER VIVANT LE TOUT aura son effet à l'égard des autres biens.* "

P

Observez bien ces mots, *les héritiers du premourant pourront partager*, ils vous prouvent que le premourant des conjoints *appelle ses proches parens à lui succeder* dans ses biens patrimoniaux et qu'il n'en fait que differer le partage jusqu'à l'époque de la mort du survivant d'eux. Car celui qui est héritier, *succedit in universum jus quod defunctus tempore mortis habuit*, celui qui hérite succède au défunt et représente sa personne ; mais les conjoints disent que les héritiers du premourant pourront partager . . . . ; donc ils ont voulu, ils ont déclaré qu'au premourant auroient succédé ses proches parens, qu'ils auroient succédé directement à lui dans ses biens provenant de son côté et ligne. Mais s'ils ont succédé au premourant dans ses biens patrimoniaux, dans ces biens que le premourant a formellement exceptés de la clause générale, de la disposition faite en faveur du survivant; ne s'ensuit-il pas de là que dès le moment de la mort de la premourante, les biens patrimoniaux delaissés par elle ont été dévolus sur ses proches parens du côté et ligne dont les biens étoient venus? Ne s'ensuit-il pas de là que la mort de *Charles Dhont* leur a donné le droit de pretendre au partage? que le moment de sa mort les a fait rentrer en pleine jouissance des biens qu'ils avoient hérité par le décès de leur parente? Ne s'ensuit-il pas de là que les héritiers *Dhont* n'ayant plus aucun droit à garder les biens de la défunte, doivent être condamnés dans les conclusions prises à leur charge?

On pourroit appliquer au cas présent la loi *126 ff. de verb. sign.*, et demontrer par elle que la clause limitative apposée à celle générale stipulée en faveur du survivant, reduit ses droits à la simple jouissance viagère des biens patrimoniaux de la premourante, on pourroit étendre ces observations par la citation d'auteurs et de jugemens des tribunaux de l'ancienne et de la nouvelle organisation. Mais pourquoi ces discussions, tandis que la disposition des contractans est précise, que leur volonté y est clairement énoncée, qu'un coup d'œil, enfin, sur l'acte dont s'agit, doit suffire pour qu'on en soit convaincu.

Que les contractans ont voulu que le survivant d'eux deux succéderoit au premourant dans la propriété et pleine jouissance de tous les biens meubles et immeubles d'acquet ou de conquet à delaisser par lui, et dans la jouissance viagère ou l'usufruit de ses biens, venus de son côté et ligne.

Il seroit donc ridicule que de vouloir chercher dans cette clause quelque stipulation de retour de fideicommis conventionnel ou substitution, tandis que les termes exprès des stipulations inserées dans le contrat pretendu antenuptiel, prouvent que la premourante a appellé directement ses proches parens à hériter ses biens patrimoniaux, qu'elle ne les a substitués à qui que ce soit qu'elle n'a grévé son Mari d'aucun retour, que les biens lui laissés en propriété n'ont été chargés d'aucun fideicommis que le droit enfin, que pouvoit pretendre le survivant *Charles Dhont* se bornoit à la simple jouissance viagère, tellement éteinte par sa mort que de ce chef ses héritiers n'ont plus rien à pretendre.

L'unique objection qu'on rencontre dans les moyens employés par les héritiers *Dhont*, l'unique chose à laquelle on croit devoir s'expliquer pour faire cesser toute apparence de fondement dans leur opposition est puisée dans ce que la premourante auroit dit dans la stipulation dont s'agit: " que ses héritiers auroient „ partagé et joui des immeubles lesquels comme venus du côté du premourant, „ auroient encore existé à l'époque du décès du survivant. „ C'est sur cette expression que les héritiers *Dhont* exercent leurs talens, rien n'est oublié pour éblouir, tout est employé pour faire accroire que cette stipulation autoriseroit le survivant à aliéner les biens de la premourante et priver ainsi à son gré les héritiers de sa dite Épouse des biens qu'elle, que la loi, que la nature leur avoient destinés. Mais jamais un homme doué de bon sens ne pourra croire à ses rêveries, la seule lecture de la stipulation dont s'agit le convaincra du contraire; toujours dira-t-il avec les héritiers *Claesman*, que le droit de *Charles Dhont* se borneroit à la simple jouissance des biens patrimoniaux delaissés par la premourante, et que par conséquent il n'avoit pas de droit pour les aliéner et éluder la volonté claire et précise de son Épouse.

Mais, disent les héritiers *Dhont*, la stipulation des conjoints porte que les héritiers du premourant partageront les biens qui existeront à l'époque de la mort du survivant. Mais, s'il y en a de ces biens qui n'existent plus, qui ne sont plus *in rerum natura*, les héritiers *Dhont* ne sont pas obligés de les rendre, ils n'ont qu'à dire quels sont ces biens qui n'existent plus, qui ont cessé de l'être, quels sont les bâtimens brulés, les maisons croulées, les terres englouties par la mer, et on les dispense de les bonifier aux héritiers *Claesman*; mais quant aux biens que ledit *Charles Dhont* auroit pu avoir aliénés pour frustrer, s'ils eût été possible, les demandeurs des biens que la premourante leur a delaissés, les defendeurs sont tenus de les livrer aux demandeurs, ces biens n'ont pas cessé d'exister quoiqu'ils auroient changé de propriétaire, si jamais *Charles Dhont* auroit été autorisé à les vendre; enfin soutenir qu'un bien immeuble aliéné n'existeroit plus, qu'il ne seroit plus *in rerum natura*, est mettre l'absurdité à son comble.

Et ce non obstant les héritiers *Dhont*, osent soutenir contre les lois, et la saine raison, que les stipulations reprises dans ce contrat, pretenduement antenuptiel entre *Charles Dhont* et *Isabelle Claesman*, et les avantages y stipulés en faveur du survivant seroient de telle nature que les héritiers de la premourante ne pourroient pretendre à charge des héritiers du survivant que les biens que ce dernier auroit bien voulu laisser intacts, ils soutiennent donc que la premourante auroit voulu laisser ses héritiers à la discrétion de son Mari.

S'il y avoit quelqu'apparence de tout cela dans les stipulations reprises dans le pretendu contrat de Mariage, dont est question on pourroit encore passer ces absurdités aux héritiers *Dhont* qui n'aimeroient pas de se dépouiller de la succession opulente d'*Isabelle Claesman*, mais vouloir donner une si sotte interprétation à un contrat clair et précis, contraire à ce qu'ils voudroient faire accroire, mérite le mépris des juges.

En effet supposons qu'il y auroit quelque doute dans ce contrat dont s'agit, contre qui et comment faudroit-il l'interpréter? . . . . Il faudroit l'interpréter en faveur des héritiers du sang, parce que tout ce qui a pour but de les dépouiller des biens que la loi, que la nature leur a destiné, doit être envisagé selon nos maximes du droit coutumier consacré par l'ancienne jurisprudence et par la nouvelle legislature. On devroit de plus l'interpréter contre *Charles Dhont*, en premier lieu, parce que c'étoit lui seul qui dans ce contrat de Mariage devoit être censé avoir stipulé à son avantage, car avant son Mariage il n'avoit que peu ou rien, et sa Femme étoit très riche, *L. 26 ff. de Reb. dub. cum quæritur in stipulatione quid actum sit, ambiguitas contra stipulatorem est*, item la loi *38. § 18.* qui dit, *in stipulationibus, cum quæritur quid actum sit; verba contra stipulatorem interpretendu sunt.* Et encore la loi *99. in principio ibid.* En second lieu, parce que la Femme dudit *Charles Dhont* foible d'esprit quasi abandonnée à son Mari et sans conseil n'étoit pas à même d'apprécier les clauses entortillées qu'on auroit eu soin d'inserer dans son contrat de Mariage. Et troisièmement, parce que si l'intention de la premourante avoit été de donner à son Époux la libre faculté d'aliéner ses biens et d'en priver moyennant ce ses proches parens des biens qu'elle avoit delaissés, si l'intention de la premourante avoit été d'instituer ses héritiers que dans les biens que son Mari auroit bien voulu laisser intacts, si enfin son intention avoit été de mettre ses héritiers à la discretion de son Mari, *Charles Dhont* n'auroit pas manqué de faire inserer cette stipulation dans ledit contrat de Mariage, mais il trouvoit dans sa Femme une résolution ferme de conserver ses biens à sa famille, il voyoit qu'elle ne vouloit pas y porter quelqu'atteinte à sa disposition, et voilà pourquoi *Charles Dhont*, qui a fait rédiger lui même ce fameux contrat, qui s'y est fait assister par son frere, qui a employé deux notaires, n'a pas osé inserer une pareille stipulation dans l'acte, ne seroit-il donc pas d'une absurdité sans exemple, si maintenant on voudroit interpréter ce contrat contre la volonté bien prononcée de la premourante? *In ambiguis verba contra stipulatorem sunt interpretenda quia re integra potuit apertius dicere.* S'il y avoit du doute, la stipulation devroit dans le cas présent s'interpréter contre le rédacteur *Charles Dhont*, qui auroit pu parler plus clairement, mais qui n'a pu le faire, parce que sa Femme n'auroit pas signé un contrat quelconque, qui lui auroit présenté des stipulations contraire à sa volonté bien prononcée de conserver ses biens à sa famille, et de ne laisser à son Mari que la jouissance des biens patrimoniaux qu'elle auroit delaissés, d'appeller dans ces biens, dès le moment de sa mort, ses proches parens et de leur assurer sa succession susdite.

On trouve cette disposition assez expliquée dans le contrat dont s'agit non obstant que *Charles Dhont* l'ait voulu masquer; le juge ne souffrira donc pas qu'à cette stipulation claire et précise il doit donner une interprétation forcée et ridicule, pour priver les demandeurs, contre la volonté de leur parente, des biens qu'elle leur a delaissés.

Il suivra à cet égard la décision du ci-devant conseil en Flandre, du 3 Juin 1775, confirmée par arrêt du grand conseil de Malines, du 7 novembre 1778. (10)

Pour apprécier les moyens victorieux qui resultent de ces jugemens rendus entre les mêmes parties, savoir les réprésentans d'*Isabelle Claesman* et *Charles Dhont*, nous observons que ledit *Charles Dhont* fut attaqué devant le conseil en Flandre, par des proches parens et héritiers maternels d'*Isabelle Claesman*, enfin qu'il auroit été condamné, de donner à ces derniers *un état exact* des biens delaissés par feue sa Femme susdite. *Charles Dhont* s'oppose à ces conclusions, et soutient être héritier de sa Femme en vertu de son contrat de Mariage, il dit qu'il a la disposition libre des biens delaissés par elle, que les proches parens de sa Femme n'étoient appellés par la défunte que pour succéder dans les biens que lui *Dhont* auroit bien voulu ne pas aliéner, qu'eux n'ayant enfin aucun droit aux biens qu'il avoit hérités de son Épouse, il ne pouvoit être tenu de leur donner un état de sa fortune. Non obstant tous ces paradoxes, non obstant ces argumens plutôt spécieux que solides, non obstant tous les efforts que fit le même *Charles Dhont* pour donner une interprétation forcée à son contrat de Mariage, le conseil de Flandre convaincu dans son ame que la volonté, que la disposition de la défunte ne donnoit à *Charles Dhont* que la jouissance viagère des biens patrimoniaux de sa Femme, le condamna à livrer aux demandeurs l'état des biens exigé par eux.

Le condamné appella de ce jugement, et le grand conseil, ayant approfondi

---

(10) Voyez ces pièces sur la fin de ce volume.

les circonstances qui avoient precédé, accompagné et suivi le pretendu contrat
de Mariage dont s'agit, ayant eu même quelques notions de la nullité de ce contrat, parce que la copie même lui présentoit des défauts, confirma le jugement
du conseil en Flandre, et y ajouta cette clause remarquable ; *L'appellant entier
de soutenir, qu'il ne doit porter dans l'état en question, que les biens immeubles delaissés par sa Femme, S'IL CROIT Y ETRE FONDÉ.*

S'il croit y être fondé, dit le grand conseil, pour faire entrevoir aux héritiers
d'*Isabelle Claesman* qu'ils étoient en leur entier de soutenir la nullité même du
contrat de Mariage, car pourquoi auroit-on autrement dit *s'il croit y être fondé,*
si le juge n'avoit jetté du doute sur la validité du contrat de Mariage?

Enfin ces jugemens fixent les droits même des parties, et ont décidé la présente question en faveur des demandeurs, ces jugemens sont passés en force de
chose jugée, ils établissent donc comme une regle entre parties.

Que supposant la validité du contrat de Mariage *Charles Dhont* n'avoit pas la
libre disposition, n'avoit pas la propriété des biens delaissés par son Épouse, que
ces biens étoient dévolus, par la mort d'*Isabelle Claesman*, sur ses héritiers, que
ledit *Charles Dhont* n'en avoit que la jouissance. C'est ce que nous avons demontré, que peut on désirer de plus qu'un jugement en dernier ressort, rendu entre
les mêmes parties et qui vient de consacrer les moyens des héritiers *Claesman*.

Il seroit donc inutile de s'arrêter plus longtems à établir dés vérités aussi évi-
dentes et de répeter toujours la même chose, en mettant sous les yeux les loix qui
viennent à l'appui de ce que nous venons d'employer pour constater les droits
des héritiers *Claesman*, nous nous bornerons donc à faire un résumé succinct des
moyens que nous avons établis à cet effet. Nous avons dit, que, même ce pretendu
contrat antenuptiel fut-il envisagé comme valide, il ne pourroit encore empêcher
que les héritiers *Dhont* ne fussent condamnés dans les conclusions prises à leur
charge. Nous avons fondé ce moyen, sur ce ;

1°. Que par la clause limitative opposée dans le pretendu contrat antenuptiel,
à la clause générale AU DERNIER VIVANT LE TOUT, la premourante y a excepté les biens patrimoniaux qu'elle auroit delaissés.

2°. Que la premourante ayant appellé ses proches parens à lui succéder dans
ses biens, n'en a différé le partage et la jouissance jusqu'à l'époque de la mort
de son Mari, que pour en laisser à ce dernier l'usufruit sa vie durante.

3°. Que les proches parens de la défunte devenus par son décès héritiers et
propriétaires de ses biens patrimoniaux, à charge d'usufruit en faveur de *Charles
Dhont*, cette disposition ne contient aucune chose qui pourroit avoir quelque
trait d'une clause de retour ou substitution.

4°. Que les expressions de la premourante, que ses héritiers auroient partagé
les biens encore existans à l'époque du décès de *Charles Dhont* n'a pu donner à
ce dernier la libre disposition de ces biens, ni mettre les proches parens de la premourante à la discrétion du survivant.

5°. Parce qu'étant inouï de dire qu'un bien immeuble aliéné, hypothéqué ou
vendu n'existeroit plus, il seroit de même absurde d'inferer de cette clause, que
la premourante n'auroit voulu appeller ses héritiers qu'à partager et jouir des
biens que son Mari auroit bien voulu laisser intacts.

6°. Parce que, s'il y avoit du doute dans cette clause, elle devroit s'interpréter contre les héritiers de *Charles Dhont*, qui y stipulant pour ses interêts seuls,
assisté de conseils et d'amis n'auroit pas manqué de faire inserer dans ce contrat

des clauses claires et non douteuses, si la premourante lui auroit voulu laisser la propriété, la disposition ou quelque chose de plus que la jouissance ou l'usufruit des biens patrimoniaux de la premourante.

Et 7°., que ce que dessus doit d'autant plus opérer en faveur des héritiers *Claesman*, parce que déjà un jugement en dernier ressort, en faisant la loi entre parties, a decreté en principe que ledit *Charles Dhont* n'étoit pas héritier de sa Femme des biens immeubles delaissés par elle, qu'il n'en avoit pas la libre disposition, que son droit enfin, comme il vient d'être demontré, se bornoit à la simple jouissance des revenus , à l'usufruit d'iceux.

HUITIEME CONSULTATION.

De F. D. DHOOP, ci-devant Actuaire aux États de Flandre , puis Conseiller au grand Conseil de Malines.

LE soussigné homme de loi, qui a vu le contrat de Mariage et le *quæritur* qui precède, repond :

La derniere clause du contrat qui porte, *bien entendu cependant*, *etc.* est une exception, une restriction, une charge, une condition , ou tout autrement comme on voudra l'appeller, le nom ne fait rien à la chose qu'on ne doit pas trop prendre à la lettre ; on dira peut-être que la clause de TOUT AU DERNIER VIVANT frappe sur tous les biens, oui , mais la restriction en faveur des hoirs de *B.* frappe aussi sur l'universalité, sur tous les biens immeubles , sauf et excepté la délibation qui étoit honnétement permise à *A.*, conformément aux principes consacrés dans les lois suivantes : *Cum autem rogatus quidquid ei ex hæreditate supererit post mortem suam restituere de pretio rerum venditarum alias comparat, diminuisse quæ vendidit non videtur, L. 70. § 3. ff. de legat. 2°.*

En employant cette loi au cas dont il s'agit, on pourroit faire des raisonnemens à perte de vue, mais nous ne saurions les faire mieux que le fameux *Godefroy* l'a fait dans la belle et laconique explication qu'il en donne dans ses notes *ibidem N.° 54, Rogatus post mortem suam restituere quidquid ei ex hæreditate defuncti supererit ,* (bien entendu cependant qu'après le décès du survivant, les héritiers du premourant pourront partager et jouir des biens immeubles, lesquels lors de la mort etc.,) *res quasdam hæreditarias vendidit ,* (comme a fait *Charles Dhont*) *de earum pretio alias comparavit ,* (comme il a fait frauduleusement pour illuder l'esprit du contrat) *quæro utrum res eas ita comparatas restituere post mortem suam debeat ? tenetur quid ita ? quia supersunt, non sunt diminutæ ,* (si *Charles Dhont* s'est diminué d'un côté , il s'est augmenté de l'autre côté. S'il a jetté quelque chose de sa main droite pour pallier sa fraude, il l'a ramassé par sa main gauche, afin s'il eut été possible, de faire passer ces biens du côté d'où ils ne sont pas venus,) *atqui non tam ex hæreditate defuncti quam ex pretio rei hæreditariæ venditæ comparatæ videntur, juris fictione videntur ex hæreditate superesse, quomodo ? res ita comparatæ vice permutati dominii sunt , sunt rerum hæreditariarum vice.* Ce ne sont pas seulement des raisonnemens de *Godefroy*, mais le dispositif des deux lois suivantes. *L. 71. Ibidem , sed quod inde , comparatum est vice permutati dominii restituetur. L. 72. Ibidem , Papinianus : Idem servandum erit etsi proprios creditores ex eâ pecuniâ demiserit , non enim absumitur quod in corpore patrimonii retinetur.* Itérativement *Godefroy in notis*

N.º 58. Cur ita ? Ei superesse ea pecunia intelligitur , quomodo superesse ? Quia non absumpsit , sed in corpore patrimonii retinuit. Quomodo retinuit ? Eâ pecuniâ creditores proprios demisit.

Quant à la latitude du pouvoir de consumer, qui paroît avoir été laissée au dernier vivant, je reponds qu'il faut l'entendre *salvo dolo malo* , et notamment *in casu subjecto* , comme dans la loi *71. de leg. 1. in principio et in L. 11. § 7. de leg. 3. non plenum arbitrium voluntatis, non in meram hæredis voluntatem collatum, sed quasi viro potius bono commissum, relictum.* Delà ne suit pas que le cas dont il s'agit doit être regardé comme un vrai *fideicommis,* ou comme une substitution telle, que les lois françaises veulent abolir, qui ne peuvent ici être appliquées, ni être obstatives, n'étant pas faites pour faire passer les biens d'une famille dans une autre, ou pour priver les héritiers du sang.

Que l'on fasse attention que ce n'est pas à *Charles Dhont* que les héritiers de *B.* ont succédé, c'est à *Isabelle Claesman,* et cela non pas en vertu du souvent-mentionné contrat de *Mariage,* mais en vertu de la loi qui les appelloit ainsi, *ab intestat,* dans l'universalité des biens , sauf les délibations y faites par ledit traité de *Mariage.* Ainsi il est clair que le droit que les héritiers d'*Isabelle Claesman* ont de reclamer le résidu de ces biens, est irrevocablement acquis, échu et ouvert, depuis l'époque de sa mort, quoique le jour n'en soit arrivé pour en faire la demande, ni le quantum déterminé, que depuis la mort de *Charles Dhont.* Quoique celui-ci auroit pu aliéner ces biens avec effet pour les acquèreurs, il ne lui à pas été permis de le faire dans les circonstances et aux fins comme il l'a fait. La raison en est, qu'il a abusé du pouvoir qui lui étoit accordé à cet égard par son contrat, il a excédé la latitude morale de ce pouvoir, *quod debebat esse boni viri arbitrium;* il a suivi la lettre, mais il a calomnié le sens moral du sacré contrat de Mariage, en un mot, il s'est rendu coupable de fraude et de dol, *Dolus autem suus nemini debet patrocinari , ergo tenetur actione doli ad damna et interesse vel saltem ad hæc quatenus indè locupletior factus est , nemo enim debet locupletari cum damno vel injuriâ alterius.*

" On pourroit encore citer la loi *58 § 8. ff. ad senat. treb. hæres ejus qui* „ *bonorum superfluum post mortem suam restituere fuerat rogatus pignori res hære-* „ *ditarias datas ,* si non in fraudem id factum sit , *liberari non cogitur ergo a* „ *contrario si in fraudem etc.* „

Si *Charles Dhont* a frauduleusement changé des terres, bois, prés et autres objets , tenant côté et ligne, en d'autres terres, bois, prés ou autres objets, leur équivalant existe encore, ces richesses ne sont pas évanouies ni annihilées, en vain les a-t-il voulu volatiliser, leur substance utile est encore fixée dans le creuset de son avarice, elle ne cesse point d'appartenir aux héritiers naturels d'*Isabelle Claesman* , elle n'en suivra pas moins sa destination et reste à partager entre eux.

Ceci est conforme aux regles reçues en matiere de succession, le corps de droit est rempli de pareilles décisions, le fameux *Julien* le dit très expressement en ces termes, traduits d'après le texte aux digestes sur la fin de la loi 18. liv. 4. tit. 2., que voici : *Licet res , quæ in hæreditate fuerant, apud hæredem non sint, tamen pretium earum locupletem eum , vel sæpius mutatâ specie faciendo, perindè obligat ac si corpora ipsa in eâdem specie mansifsent L. 18. in fine ff. quod met. caus.* C'est-à-dire: " Quoique les choses même qui avoient fait partie de l'hérédité, n'existent „ plus entre les mains de l'héritier, néanmoins le prix de ces choses le

» rendant plus riche, ou comme il arrive souvent, leur espèce n'étant que
» changée dans une autre, ne l'oblige pas moins que si les mêmes corps
» n'avoient point subi de changement » *(11) Répondu à Heusden au mois
d'Avril, 1798.* Signé, *F. D. DHOOP.*

---

(11) C'est à peu près dans ce même sens que parle le Citoyen *Beyts*, en son avis dont
est fait mention pag. 54, où il s'exprime comme suit:

Het is zonder twyffel dat het even veel zoude weezen (indien de suppositie van fideicommis *de
residuo deurgaet) of de goederen zyn gealieneerd of niet, vermids in deeze suppositie op de nieuwe
geacquireerde goederen, even als op een surrogaet recht van recompense zoude vallen in 't faveur
van d'erfgenaemen van B., citatie op* Voet, *en de wetten:* " Nec interest, utrum ipsa pecunia
,, aut corpora hereditaria adhuc apud fiduciarium existant, au in eorum locum alia surrogata,
,, sint: nam si de pretio rerum venditarum alias comparaverit, diminuisse, quæ vendidit, non
,, videtur sed quod inde comparatum est, vice dominii permutati restituetur etc., eo quod non
,, absumptum intelligitur, quod in corpore patrimonii retinetur. L. Imper. Anton. 70. § ult.
,, L. 71. L. 72. ff. de legatis 2°.

*Dit is absoluyt het cas zoo het zig voor handen presenteert. Dat meer is, deeze recompense
kan worden gemainteneerd, niet alleen uyt de legale en wettelyke natuer van 't* fideicommis *de
residuo, maer ook uyt de stipulatie van 't contract, en independentelyk of 'er hier* fideicommis
*is of niet: te weeten uyt kragte van de interpretatie van 's contract, dat het genoeg is dat de
goederen nog in rerum natura existeeren, om dat hun valeur nae d'erfgenaemen B. zoud moeten
overgaen en gerecompenseerd worden. En aldus kan men ontgaen de difficulteyten van de dis-
ponibiliteyt arbitraire van de dry vierde deelen van 't gefideicommitteerd patrimonie, die op het
roomsch* fideicommissum de residuo *vallen; als ook alle de objectien getrokken uyt nieuwe fransche wetten tegen de fideicommissen in 't generael. Want tegen den gestipuleerden wille der contractanten in een contract antenuptiael, zonder het woord* fideicommis *daer in, zyn alle de fransche wetten zonder kragt; naemendlyk als zulkdanig contract anterieur is aen het nieuw order
van zaeken, en dat het zelve ook door de dood van eenen der contractanten anterieur aen de pu-
blicatie der nieuwe wetten irrevocabelyk is geconfirmeerd, en in jus tertio quæsitum is overge-
gaen. Dat meer is, den text der fransche wetten mainteneert wel expresselyk alle dispositien,
gemaekt tusschen twee conjointen, by contracten matrimonial, als eenen der twee conjointen ge-
storven is voor 't inbrengen der wet van den 17 Nivose jaer 2., waer ontrent men kan naerzien
den 14 artykel van de zelve wet.*

T R A D U C T I O N.

Il est hors de doute, qu'il seroit égal (si l'hypotése du *fideicommis de residuo* l'emporte) que
les biens soient aliénés ou non, vu que dans le cas il échoiroit droit de récompense en faveur
des héritiers de *B.*, sur les biens nouvellement acquis, comme leur surrogat ; temoin *Voet*
et les lois: " *Nec intrest utrum ipsa pecunia aut* corpora hereditaria *adhuc* apud fiduciarium
,, *existant, au in eorum locum* alia surrogata sint : *nam si de pretio rerum venditarum alias
,, comparaverit diminuisse quæ vendidit non videtur, sed quod inde comparatum est* vice dominii
,, *permutati restituetur etc., eo quod non absumptum intelligitur quod in corpore patrimonii re-
,, tinetur. L. Imper. Ant. 70. § ult. L. 71. L. 72. ff. de leg. 2ᵛ. ,,*

Ceci est exactement le cas comme il se présente ici ; ce qui plus est, cette récompense peut
être maintenue, non-seulement par la nature légale du *fideicommis de residuo*, mais aussi par
la stipulation du contrat, qu'il suffit que les biens existent encore *in rerum natura*, afin que
leur valeur doive passer aux héritiers de *B.*, et être récompensée ; et ainsi l'on peut éviter les
difficultés de la disponibilité arbitraire des trois quarts du patrimoine fideicommissé qui tom-
bent sur le *fideicommis de residuo* du droit romain ; comme aussi les objections tirées des nouvelles lois françaises contre les fideicommis en général, parce que dans un contrat antenuptiel
sans le mot *fideicommis*, toutes les lois françaises se trouvent sans force, nommément lorsqu'un tel contrat de Mariage est antérieur au nouvel ordre des choses, et qu'il est même aussi
irrévocablement confirmé par la mort d'un des contractans, antérieure à la publication des
nouvelles lois, et qu'il est passé *in jus tertio quæsitum* ; ce qui plus est, le texte des lois françaises maintient bien expressement toutes dispositions faites entre deux conjoints par contrat
de Mariage, lorsqu'un d'eux est décédé avant la publication de la loi du 17 Nivôse an 2,
sur quel point on peut consulter l'art. 14. de la même loi.

Observations ultérieures du même Jurisconsulte DHOOP, *après avoir vu le testament olographe d'*Isabelle Claesman, *du 7 Novembre 1762, qui se trouve sur la fin de ce volume, et autres pièces qui lui ont été communiquées.*

Une preuve convaincante que l'intention absolue d'*Isabelle Claesman* a été d'appeller les parens de son côté et ligne à la succession immobiliaire et qu'à sa mort elle devoit necessairement avoir d'autres héritiers que son Éponx, résulte de ce que par le troisième article de son testament, elle a nommé son Mari, *Exécuteur testamentaire.* Il étoit impossible que son exécuteur testamentaire auroit été son héritier universel, ou pouvoit être appellé à l'exclusion des héritiers légaux.

1.° Parce que la testatrice declarant ne pas vouloir grever son Époux, et stipulant que les legs devoient être une charge particuliere de ses héritiers légaux, les a appellés *eo ipso,* par cela seul à sa succession immobiliaire.

2.° Parce que l'institution d'héritier n'ayant pas lieu en Flandre, elle ne pouvoit pas appeller d'autres héritiers par son testament.

3.° Parce que d'après les propres termes et paroles de son testament, son Époux n'y étoit désigné que comme exécuteur particulier, *nudus minister ad præstanda legata his, quos nominavit testatrix, scripto etiam alio hærede,* c'est-à-dire celui qui devoit uniquement prêter son ministère, pour faire tenir les legs à ceux que la testatrice à nommés, ayant institué une autre personne pour son héritier, ce dont il s'agit dans la loi *17. ff. de leg. 2. L. 107. ff. de leg. 1. L. 78. § 1. ff. ad senat. cons. trebellian.*

4.° « Parce que selon notre droit coutumier, les exécuteurs établis par testa» ment ne peuvent mettre les testamens en exécution , qu'étant garnis par les » mains des héritiers, ou par le moyen de les faire declarer exécutoires, quand » ce seroit même, que par testament, il fut donné aux dits exécuteurs un plus » grand pouvoir. » Coutume générale de la Flandre, voyez *Gand rub. 28 art.* 9, *Audenarde rub. 20 art. 14* et autres.

Ce que nous avons dit s'établit encore par un cinquième motif, qui par lui seul seroit décisif, s'il étoit possible de former quelque doute.

Il est fondé sur nos coutumes de Flandre, d'après lesquelles « Personne ne » peut par testament ou derniere volonté, disposer ou donner plus que jusqu'au » tiers de tous les biens de lui donateur, et non pas davantage, et si la dispo» sition excède, elle est reduite jusqu'au dit tiers, de sorte que chaque héritier » doit avoir les deux tiers de son contingent pour sa portion légitime nette, et » non chargée desdites donations et dispositions par testament. » Voyez entr'autres, *Gand rub. 28 art. 2.* Or, s'il eut été vrai, qu'*Isabelle Claesman* avoit déjà donné à son Époux l'entiere et pleine propriété, de tous les biens y compris les immeubles venus de son côté et ligne ; son Mari auroit eu en cette supposition, la faculté d'eluder et d'annéantir toutes ses dispositions testamentaires, en aliénant généralement tous les biens tenant côté et ligne, ce qu'il a effectivement taché de faire avec la mauvaise foi la plus insigne.

Des telles dispositions entrent-elles dans le bon sens? Est-il possible de les supposer dans l'intention d'*Isabelle Claesman?* Peut-on faire croire que cette riche héritiere auroit voulu faire dependre ses liberalités, ses legs pieux, ses fondations perpétuelles, auxquelles elle tenoit tant par ses opinions du caprice et de l'insatiable avidité qui après sa mort a dominé son artificieux Époux dans les bras d'une seconde Femme. Non, la chose est impossible, des idées aussi disparates choquent le sens commun; *Isabelle Claesman*, a pu croire que son Époux auroit succédé après sa mort en cas de non enfans, dans toute sa fortune mobilière, ses actions et crédits, et tous ses acquets immeubles sans exception, par la condition et stipulation d'*AU DERNIER VIVANT LE TOUT*, à l'égard de ces objets considérables, mais à l'égard des biens immeubles tenant côté et ligne, dont elle n'avoit pas disposé pendant sa vie, jamais elle ne l'a voulu ; sa prud'hommie, ses opinions, les idées reçues entre gens probes et délicats au tems de son Mariage, la constante habitude de la province où elle fut née, ses dispositions testamentaires, tout s'y oppose.

Car il est incontestable qu'*Isabelle Claesman* a toujours envisagé dans sa conscience intime deux classes d'héritiers. *Son Époux*, pour les biens meubles, acquets immeubles, actions et crédits, qui ne pouvoient aucunement être grévés par ses dispositions testamentaires, faisoit la première. La seconde classe forment ses héritiers légaux, pour les biens immeubles venus de son côté et ligne lesquels biens elle a voulu assurer à ses héritiers légaux, pour autant qu'elle n'en auroit pas disposé pendant sa vie, mais qui n'étoient plus disponibles après sa mort, parce que selon notre droit coutumier, chaque héritier doit avoir les deux tiers de son contingent pour sa portion légitime nette, et non chargée desdites donations et dispositions par testament.

On le répète, si elle eût déjà antérieurement donné par un pretendu contrat de Mariage, la pleine propriété de tous ses biens indistinctement, dont elle n'auroit pas disposé, pourquoi auroit-elle du s'inquiéter de la charge de ses libéralités postérieures, qu'elle n'a point voulu faire péser sur la portion de son Époux? Pourquoi devoit-elle stipuler que l'import total de ces libéralités devoit être pris sur les biens immeubles tenant côté et ligne, à delaisser par elle ?

Aucun autre motif ne pouvoit faire naître cette indication des biens qui devoient être chargés de ses libéralités que son intention, sa ferme volonté, sa certitude d'appeller au moment de son décès ses héritiers naturels et légaux à la succession desdits biens, la portion légitime de ces héritiers ne pouvoit être diminuée ou chargée par des liberalités testamentaires, bien moins pouvoit-elle être diminuée par les œuvres de *Charles Dhont* après la mort d'*Isabelle Claesman*.

« Ses legs étoient assignés sur la succession immobilière tenant côté et ligne.; » Ainsi il est indispensable qu'il existat un tel héritier imposable. Or, son Mari » ne pouvoit être grévé par ses legs, donc son Mari n'étoit pas destiné pour » être cet héritier immobilier.

» Ses legs ne pouvoient excéder le tiers de la succession grévée, donc la portion légitime, les deux tiers de la succession immobilière devoient continuer » d'exister par l'intention d'*Isabelle Claesman*.

» l'Opposé est insoutenable, car léguer et decharger son héritier du payement » du legs, gréver une succession de legs, et laisser à un tiers la faculté d'absorber » la succession, seroit une contradiction inconciliable » D'ailleurs rechercher quelle fut ou peut avoir été la commune intention des parties contractantes, est plutôt necessaire que de s'attacher au sens litteral des termes.

Parce qu'il est de principe, que, lorsque les termes sont susceptibles de deux sens, on doit les entendre dans celui qui convient le mieux à la nature du contrat, et le plus conforme à ce qui est d'usage dans le pays.

Observons encore que le sens et l'interprétation que *Charles Dhont*, maintenant ses héritiers ont voulu prêter à l'article du pretendu contrat de Mariage, nous présente une condition inusitée, exotique, deraisonnable, favorisant le dol et la fraude, et dont il n'y a point d'exemple dans cette partie de la ci-devant Belgique.

Lorsqu'au contraire notre interprétation pour les héritiers d'*Isabelle Claesman*, est tout conforme à la saine raison, et à ce qu'on trouve fréquemment stipulé entre Époux en ce pays : savoir, *Qu'après la mort du dernier vivant les biens tiendront côté et ligne.* D'ailleurs, selon notre interprétation équitable, la période : *Pourront partager et profiter les biens immeubles, lesquels au tems de la mort du second décédé, comme venus du coté du predécédé, existeroient encore,* peut dans le sens grammatical être interprétée et considerée comme une stipulation de prevoyance et d'utilité favorable, mais nullement faite pour donner au survivant le pouvoir illimité et deraisonnable de s'approprier frauduleusement le montant des biens tenant côté et ligne, et lui ménager le moyen de rendre la stipulation de retour illusoire.

Cette stipulation avoit son utilité pour premunir le survivant de toute responsabilité et inquiétude pour le cas, comme rapporte *Huberus* et autres savans jurisconsultes, que les biens, soit par depérissement naturel, *interitu naturali vel diminutione temporariâ*, lui auroient été enlevés, ou reduits à non-existence pendant le terme de sa jouissance. Ou bien pour le cas que la stipulante auroit trouvé bon de disposer pendant son Mariage, soit en tout, soit en partie de ses biens immeubles en faveur d'autres personnes que son Mari, soit par la voie de la donation entre vifs, testament ou autrement. D'autres cas d'utilité pouvoient encore exister si le survivant avoit perdu ou reduit à non-existence une partie des biens tenant côté et ligne, soit par négligence, prescription, defaut de soin ou de surveillance, lorsque les héritiers légaux auroient pu l'inquiéter pour garantir lesdits évenemens de perte ou négligence, si par le pretendu contrat de Mariage il n'eut été stipulé, que le retour ne devoit avoir lieu, qu'à l'égard des biens immeubles, *lesquels au tems de la mort du second décédé, comme venus du côté du predécédé, existeroient encore.*

Après ces observations préliminaires, analysons l'article du pretendu contrat de Mariage en question, qui porte : « Mais si ledit Mariage vint à se dissoudre sans Enfans nés ou sans apparence de naitre, dans ce cas, la volonté et » l'esprit des parties contractantes est, comme condition de leur futur Mariage, » que le survivant ou la survivante d'eux deux, aura et retiendra en pleine proprièté généralement tous les biens de la maison mortuaire, tant meubles qu'immeubles, actions, profits et crédits, rien excepté ni réservé, de façon que » dans le cas de non enfant ou enfans, aura lieu la condition et clause A U D E R. » N I E R V I V A N T L E T O U T, *bien entendu cependant,* qu'après le décès du survivant d'eux deux, *les héritiers du predécédé* pourront partager et profiter les biens » immeubles, lesquels au tems de la mort du second décédé, comme venus du » côté du predécédé existeroient encore, sans avoir droit à autre chose, puisque » la condition au survivant le tout, hors les biens immeubles du predécédé, lors » à trouver existans, devra à l'égard de tous autres et ultérieurs biens avoir son » plein effet et exécution. »

Cette stipulation est bimembre, elle porte d'abord une clause en termes généraux, mais les parties s'expliquent dans le second membre, et avertissent que leur intention n'est point aussi générale qu'on pourroit le croire au premier moment, elles font dependre l'esprit, le sens du premier membre, de ce qui sera expliqué dans le second membre, qui, commençant par la clause *bien entendu cependant*, en suspend tout l'effet, et ne laissera subsister que pour autant qu'elle n'y aura point porté d'atteinte ou d'exception, comme nous allons le demontrer.

Bien entendu cependant, transition explicative, suspensive et restrictive, d'une clause générale precédente, *le bien entendu* denote incontestablement que ce qui suivra, fait *mieux entendre* les stipulations, que ce qui auroit pu être entendu, par le premier énoncé, de ce qui a précédé, dont il rectifie, modifie et regle la valeur.

Les héritiers du predécédé, —— *Hoirs van den eërst overledenen*, les héritiers naturels apparens ou présomptifs d'*Isabelle Claesman* devoient donc être *ses héritiers effectifs*, ainsi ils ont du acquérir le droit de succéder au moment de sa mort, si *Charles Dhont* avoit eu le droit de disposer de tout, c'étoient des plaisans *héritiers*.

Pourront partager, le texte flamand dit *moogen deelen*, les adversaires dans leur traduction aussi partiale que vicieuse se servent du mot *hériter* en thiois *erven, succedeeren*, pour faire croire que le droit de succeder, ne seroit pas échu aux héritiers d'*Isabelle Claesman* au moment de sa mort, au lieu que ce n'est que le droit *de jouissance, du partage, de profiter*, qui a été différé jusqu'à la mort du dernier vivant : nous demontrerons l'absurdité de l'interprétation des héritiers *Dhont*.

Comme venus du côté du predécédé, ces mots indiquent la raison probable, obligatoire, limitative et nullement facultative, pour laquelle il est *moralement sûr*, que ces biens devront exister à la mort du dernier décédé ; nous disons *moralement sûr*, parce que leur existence, quoique probable d'après la fortune de la contractante, pouvoit encore dependre du fait même du premourant, *stante matrimonio* et de ses dispositions testamentaires ou autres, ne s'étant nullement bornée à cet égard, mais pour autant que le premier mourant n'en a point en effet disposé pendant sa vie, *ses héritiers* lui ont succédé dans son droit de propriété, de ses immeubles tenant côté et ligne, avec la seule charge de l'usufruit en faveur de l'Époux survivant.

Existeroient encore; le texte flamand contient ces mots : *nög zouden exteeren enda moogen in weezen zyn*, *exteeren*, en français *exister*, se dit également en flamand ; *in weezen zyn*, recours à tous les dictionnaires tant flamands, hollandais qu'allemands : voyez entr'autres le nouveau dictionnaire français-allemand, et allemand-français, imprimé à Strasbourg, chez *Amand Konig*, anno 1782. au mot *exister, in wesen seyn.*

Par ainsi on a écrit deux fois la même chose, par un pléonasme très fréquent dans la langue flamande, et davantage encore en stile étendu, et souvent prolixe des contrats, comme on dit très-souvent en cette langue, *hebben en profiteeren, tuygen, zeggen en verklaeren, geniet en jouisance, tocht en usufruit, eygendom en proprietzyt.*

Les adversaires se sont permis de traduire cette phrase, *nog zouden exteeren en moogen in weezen zyn*, par *existeroient encore ou pourroient être en nature*; ils se sont permis cette grossière inexactitude sans y être autorisés, par qui que ce soit, car quoique les mots *in weezen zyn* peuvent s'exprimer dans la periphrase *être dans la nature*, celle-ci ne signifie cependant pas davantage que le mot *exteeren, exister*, qui s'exprime également par la même periphrase *être dans la nature*, et est conséquemment son parfait synonime.

Néanmoins, il y a une très grande différence à vouloir traduire, *être en nature*, lorsque le texte dit, *être dans la nature*, car quoiqu'il soit vrai que tout ce qui *est en nature, existe*, il ne l'est pas également que ce qui *existe*, est en *nature*,

c'est-à-dire dans *sa nature, déterminément qualifiée,* comme on voudroit le faire entendre, c'est la différence de l'indéfini au défini qui ici n'est nullement exprimé, ni peut
être justifié dans le sens de nos adversaires, et qui certes devroit bien l'être pour pouvoir attribuer un pouvoir aussi étendu, aussi vaste, que celui que les héritiers
Dhont voudroient en inférer pour leur auteur. D'ailleurs quand même on voudroit maintenir la traduction, *être en nature,* cela devroit naturellement s'entendre
du pouvoir *du premourant,* de disposer durant sa vie de ses biens, et de l'intention
d'exclure en cas d'aliénation, la récompense à charge du survivant, (avantage
assez grand et non permis) mais nullement du pouvoir absurde et postérieur à la
mort du premourant, lequel la contractante n'a jamais voulu lui donner.

Hors les immeubles du predécédé, on a dit precédemment *les héritiers du predécédé,*
on dit encore ici très expressement, *les immeubles du predécédé,* et non point *les
immeubles du dernier décédé,* celui-ci ne devroit jamais décidemment en avoir la
propriété; car si l'on avoit voulu exprimer la chose dans le sens des héritiers *Dhont*
il étoit facile, il étoit simple de dire *les immeubles venus du côté :* (et non pas *comme
venus du côté*) *du predécédé qui existeroient encore à la mort du dernier décédé,* mais ce
qui demontre évidemment que telle n'a pas été l'intention, est, qu'on répête que la
condition AU DERNIER VIVANT TOUT, n'aura pas lieu pour *les immeubles du
predécédé.* Si donc cette clause n'a pas lieu pour ces biens, quel droit de propriété *Charles Dhont,* a-t-il jamais pu y pretendre? ce sont *les immeubles du predécédé qui lors seront à trouver existans,* ainsi le contrat de Mariage n'a jamais ni
conditionnellement, ni par survivance, ni autrement changé leur propriétaire,
donc *Isabelle Claesman* est restée et étoit à sa mort propriétaire déterminée *de ses
biens immeubles. Donc les héritiers lui succedant* au moment de sa mort, n'ont jamais
cessé d'en être aussi propriétaires du chef de leur autrice, donc *Charles Dhont*
n'en a pas pu disposer, donc ils sont *à trouver existans à sa mort.*

Lors à trouver existans, peut-il y avoir une clause plus impérative, positive
et affirmative de l'existence de ces biens *immeubles du predécédé* que *ses héritiers*
pourront *partager* à la mort du survivant, et à l'égard desquels la clause AU DER
NIER VIVANT TOUT, n'opére point, on a exprimé précédemment la raison,
la qualité héréditaire et inaliénable de ces biens, pour laquelle ils existeront à sa
mort, (*comme venus du côté du predécédé*), parce qu'ils sont venus du côté du
predécédé, et l'on exprime ici la volonté déterminée, qu'ils existent en effet et
non éventuellement, la clause AU DERNIER VIVANT TOUT, n'opérant point à
leur égard; *lors à trouver* est autant que *devront se trouver,* vous *serez à trouver* dit
vous devrez vous trouver, qui dit *je serai à trouver* dit affirmativement *je me trouverai.*

C'est donc parce qui y est litteralement exprimé et par une interprétation
juste et conforme aux mœurs, lois et usages des contractans, que doit être déterminée leur intention. Ils ne pouvoient *favoriser* le survivant sans *prendre* aux héritiers presomptifs du premourant : mais l'intention des contractans a-t-elle été
en effet de tout ôter à ces héritiers ?

On pourroit le croire si on ne consultoit que le premier membre de la stipulation, jusqu'à la clause essentiellement restrictive et explicative de *bien entendu
cependant,* celle-ci demontre aussi-tôt, que l'intention n'a pas été de leur ôter *le
tout,* on se rappelle d'eux, et on stipule en leur faveur dans le second membre.

Si on auroit voulu *tout donner* au survivant, la première partie de la stipulation
suffisoit, si on vouloit tout ôter aux héritiers du premourant, la seconde étoit in

utile , si on n'avoit voulu leur faire qu'une faveur potestative de la part du survivant' ils auroient clairement, absolument et distinctement exprimé ces pouvoirs inusités ;

La première stipulation peut subsister avec la seconde, comme une regle avec ses exceptions, mais la seconde ne peut subsister, seroit même absurde, si l'on pretend dans le sens des héritiers *Dhont*, que la première n'a point subi d'altération, de modification, de restriction par la seconde.

Tous les termes, toutes les expressions du contrat sont également sacrés , et doivent avoir leur effet, ce n'est que par leur corrélation qu'on peut juger des regles et des exceptions, de ce qui est général, de ce qui est modifié, de ce qui est detruit.

La première stipulation a donné à *Charles Dhont* , disent ses héritiers, la propriété générale de tous les biens, AU DERNIER VIVANT TOUT , *LANGST LEEFT AL*. Mais cette stipulation générale, se trouve aussi-tôt vinculée et subordonnée aux clauses subséquentes, qui ont effectivement borné et réduit la clause générale, par l'interprétation plus précise de l'intention des contractans;

On a dit *le survivant aura tout*, sauf cependant *bien entendu cependant que....* Suspendez votre opinion , votre entière décision, mais sachez que la propriété générale , la clause AU DERNIER VIVANT TOUT, est subordonnée à celle qui va suivre : *Bien entendu cependant.... qu'après le décès du survivant d'eux.... les héritiers du premourant.... pourront partager et profiter.... les biens immeubles lesquels.... au tems de la mort du second décédé.... comme venus du côté du predécédé existeroient encore.... sans avoir droit à autre chose.... puisque la condition AU DERNIER VIVANT TOUT.... hors les biens immeubles du predécédé.... lors à trouver existans.... devra.... à l'égard de tous autres et ultérieurs biens , avoir son plein effet et exécution.*

Développons l'intention des contractans, et ce qu'ils ont voulu par cette stipulation , dont les expressions pour être transposées et inverties , n'en expriment pas moins ce qui suit :

« Comme par le présent contrat de Mariage nous avons résolu de stipuler de
» grands avantages en faveur du survivant, et que cependant notre intention est
» toujours, que les héritiers presomptifs du premourant soient des héritiers effectifs, pour autant et à concurrence de la partie de leurs droits, que nous ne
» transporterons pas en faveur du dernier vivant, par le présent contrat, ou
» dont le premourant n'a pas voulu disposer par lui-même.

» Qu'ainsi à la mort du premourant, il y aura deux sortes de successeurs ayant
» droit, savoir les héritiers légaux du premourant par ordre de succession, et le
» survivant du chef du contrat de Mariage.

» Vu qu'il est difficile d'établir par énumeration , un grand nombre d'avan-
» tages, que nous voulons faire opérer en faveur du survivant, contraires et en
» opposition à l'ordre de succession, établi par les lois, parce que celles-ci opé-
» rent toujours de droit, en faveur des héritiers légaux du premourant, au lieu
» que le survivant a besoin de la stipulation précise d'un contrat, qui ne peut
» être étendu au delà des lois, ou de ce qui est clairement et précisement exprimé.

» Vu que les diverses espèces de faveurs, que nous avons l'intention de faire
» au survivant sont en plus grand nombre que celles des droits, que nous lais-
» sons aux héritiers légaux du predécédé.

» Nous avons adopté , (pour ne laisser subsister l'ordre de succession
» légale que précisement pour la part dont nous n'avons pas voulu favoriser le

» survivant), le moyen qu'on nous assure être le meilleur, savoir celui de com-
» prendre les droits du survivant sous *une clause générale*, et les droits des héri-
» tiers du premier mourant sous *une clause d'exception.*

» Donc tout ce qui n'est pas excepté appartiendra au survivant, tout *ce qui*
» *est excepté* de la clause générale appartiendra aux héritiers du premourant,
» dont les droits s'ouvriront au moment de sa mort.

» Ainsi nous stipulons que *la clause AU DERNIER VIVANT TOUT, aura lieu*
» *en faveur du survivant....bien entendu cependant* que nous exceptons de ce *tout,*
» les biens immeubles venus (et delaissés) *du côté du premourant,* ainsi les *héritiers*
» *du predécédé*, y succéderont parce que nous voulons qu'ils soient *héritiers du*
» *premourant*, et que voulant laisser subsister l'ordre de succession à cet égard,
» nous avons borné à ces biens les droits qu'ils auront *lors du décès* du premou-
» rant, comme étant ses héritiers.

» Le survivant n'aura conséquemment pas l'avantage de la propriété de ces
» biens *exceptés* de la clause générale, cela est *bien entendu*, ainsi il sera tenu d'en
» rendre pertinent état et inventaire à la mort du premourant, » (comme il a été
condamné par arrêt du grand conseil de Malines, confirmant le jugement
du conseil en Flandre.)

« Nous voulons cependant laisser l'usufruit de ces biens immeubles au survi-
» vant, cela est *bien entendu*, la clause continue de subsister à l'égard de l'usu-
» fruit, c'est pourquoi *les héritiers du predécédé* devront attendre jusqu'*après le*
» *décès du survivant des deux Époux*, ce n'est qu'alors qu'*ils pourront partager et*
» *profiter ces immeubles lesquels* font la part de succession du predécédé, qu'on a
» laissé subsister en leur faveur, et à laquelle le droit de propriété leur sera échu
» du moment de la mort de leur auteur.

» Observons cependant que ni l'un ni l'autre des contractans ne veut se borner
» par le présent contrat, au cas que durant le Mariage il trouve bon d'aliéner
» par donation entre vifs ou autrement quelques-uns de ces biens tenant côté et ligne,
» en sorte que les *héritiers du predécédé* devront se contenter des biens immeubles
» tenant côté et ligne dont le predécédé n'auroit point disposé durant sa vie, consé-
» quemment de tous lesdits *biens immeubles lesquels existeroient encore à sa succession.*

» Ne craignez cependant pas, que pour avoir différé les partage, la jouissance
» vous perdrez ces biens car vous êtes *héritiers du precédé* et de tous *ses immeubles*
» tenant côté et ligne qui existeront en sa succession avec la seule charge d'usu-
» fruit, personne n'a droit au delà, car nous ne voulons accorder ou exprimer
» aucun autre pouvoir en ce contrat.

» Vous devez d'ailleurs savoir, qu'à l'époque que nous fixons pour partager et
» profiter ces biens c'est-à-dire *au tems de la mort du second décédé*, tous ces *biens*
» *immeubles du predécédé* qui pourront encore exister dans sa succession parce
» que lui-même n'a point disposé durant sa vie, *existeront encore également comme*
» *venus du côté du predécédé*, comme delaissés par le predécédé, c'est en qualité *de*
» *biens du predécédé tenant côté et ligne* qu'ils existeront au tems de sa mort, c'est
» parce qu'ils ont cette qualité, c'est parce qu'ils ont été delaissés par lui.

» Mais nous voulons que les *héritiers du predécédé* se contentent de ses *immeu-*
» *bles tenant côté et ligne* sans *avoir droit à autre chose*, sans avoir droit de s'in-
» quiéter, si par actes de partage antérieurs par succession ou autrement, le
» predécédé à eu une plus grande quantité de *biens tenant côté et ligne*, que ceux
» qui *existeroient encore* en sa succession, et seront repris dans l'état et inventaire

,, qu'en devra rendre le survivant aux héritiers *du predécédé*, au moment de la
,, mort, sans avoir droit de s'inquiéter des biens dont le prémourant auroit dis-
,, posé durant le mariage en faveur d'un tiers, ni des coupes des arbres des biens
,, péris par inondation, depérissement, devastation ou autres cas fortuits qui
,, pourroient y survenir après sa mort, pourvu qu'aucune fraude n'ait eu lieu.

" Voilà en quoi consiste notre intention, et ce que nous voulons vous faire
,, *bien entendre*, puisque (parce que) on doit savoir que *la condition A U D E R-*
,, *N I E R V I V A N T T O U T ne doit avoir son plein effet et exécution qu'à l'égard de*
,, *tous autres et ultérieurs biens*, et non pas à l'égard *des biens immeubles du predé-*
,, *cédé*, qui *lors* seront *à trouver existans* comme venus de son côté et ligne, c'est-
,, à-dire ils se trouveront existans, parce qu'ils font partie de la succession du
,, premourant ouverte à sa mort; c'est parce que nous avons excepté ces biens
,, de la clause générale que les héritiers du premourant les partageront, après
,, que l'usufruit du survivant sera éteint, c'est puisque, *c'est parce que la clause*
,, *opère à l'égard de tous autres et ultérieurs biens*, et qu'elle n'opère pas *sur les biens*
,, *immeubles du predécédé*, que la propriété desdits biens est passée aux héritiers
,, du predécédé au moment de sa mort, c'est parce qu'ils sont exceptés de la
,, clause A U D E R N I E R V I V A N T T O U T que le survivant devra en présenter
,, l'état aux héritiers du premourant, pour autant que celui-ci pourroit avoir trouvé
,, bon de les laisser en sa succession, pour n'en pas avoir diposé durant sa vie."

Il est évident que telle doit être la vraie interprétation de cette stipulation importante, la seule conscience d'un homme probe suffit pour en pouvoir juger,
c'est à ce jury irrecusable qu'on devroit s'en rapporter, si l'arrangement des paroles pourroit encore trouver des doutes.

L'ingratitude, la fraude, la spoliation, la sordide avarice de *Charles Dhont*,
pourroient-elles balancer les idées de justice et d'équité qu'inspirent la bienfai-
sance, les sentimens réligieux, les dispositions testamentaires, la volonté et l'intention bien manifestée de la bonne *Isabelle Claesman*, la mauvaise foi, la fraude
de *Charles Dhont*, est constatée, les moyens de la défendre ne peuvent se trouver dans une stipulation, qui a une ame honnête ne peut paroître équivoque.

Malgré l'ennui que doit insinuer cette discussion des phrases, nous devons
cependant encore y revenir pour demontrer l'absurdité de l'interprétation que
les héritiers *Dhont* pretendent y donner.

Comment soutenir que cette stipulation contient : " Que le survivant ne devoit
,, rien laisser aux héritiers légaux du premourant, à moins qu'il auroit voulu bien
,, leur laisser par pitié ou bienveillance quelques immeubles; ou plutôt que tout
,, le second membre ne diroit rien du tout.

" Puisque si la clause générale restoit subsistante en entier, le survivant
,, ayant (selon ce systéme) la propriété de *tout*, par la première partie de la sti-
,, pulation, n'auroit plus du s'inquieter, de ce qui étoit ultérieurement stipulé
,, dans le contrat.

Autant voudroit pretendre, contre toute probabilité et présomption humaine,
que les contractans qui pouvoient exprimer ces pretendus pouvoirs en termes
simples, s'ils avoient été dans leur intention, auroient préféré de les envelopper
et de les comprendre sous des expressions, qui ne sont jamais employées, que
pour la conservation des droits, qui ont un effet opposé à celui que les héritiers *Dhont* voudroient leur donner.

C'est vouloir soutenir *qu'excepter* signifie *étendre*, qu'on n'a pas entendu, ce
qu'on a exprimé, pour entendre ce qu'on n'exprimoit pas.

Par ces mots seuls *qui pourront exister au temps de la mort du survivant*, on prétend attribuer d'emblée et gracieusement, la faculté illimitée d'aliéner et de détruire, tout l'effet de ce qui étoit stipulé en faveur des héritiers du predécédé.

Nous avons déjà démontré qu'on ne rappelle l'époque de la mort du survivant, que parcequ'on vouloit conserver son usufruit d'après ce qui se pratique fréquemment de nos mœurs et non pas pour lui donner un droit qui n'est pas exprimé, et ne peut être sousentendu sous aucun rapport.

Examinons maintenant quel auroit été l'effet du système des adversaires vis-à-vis du survivant gratifié, dont les avantages à acquérir par gain de survie devoient se déterminer complettement dès le moment de la mort du premier mourant, comme condition existante aussi-tôt.

Les héritiers *Dhont* doivent convenir que toujours quelques biens immeubles pouvoient être sujets à retour, si le survivant les laissoit exister, à ce qu'ils prétendent erroneusement *en nature* donc il est certain, qu'ainsi, chaque bien immeuble auroit été indistinctement et conditionnellement excepté de la clause de propriété générale AU DERNIER VIVANT TOUT.

Ce n'étoit donc que *la mort* du survivant, ou *l'aliénation* de l'immeuble qui pouvoit éteindre la charge de retour, et donner une propriété absolue. Comment concevoir que cette clause AU DERNIER VIVANT TOUT opère ou décidemment ou conditionnellement en faveur d'un individu pour l'époque qu'il ne vivra plus, peut-on donner un sens plus opposé à celui qu'on attribue ordinairement à cette clause.

Voudroit-on que cette clause n'est insérée qu'en faveur de ses héritiers, On doit ou supposer aux contractans l'intention absurde de faire jouer le survivant *à qui perd gagne*, Puisqu'il n'eut été déterminé, que tels biens immeubles venus et délaissés par le predécédé, *étaient compris* dans la clause générale AU DERNIER VIVANT TOUT; et non sujets à retour qu'au moment qu'il les auroit perdus par aliénation; c'eut été dire " Vous aurez la propriété " absolue et non sujette à retour, la clause AU DERNIER VIVANT opérera " à l'égard de ces biens, quand ils ne seront plus les vôtres. C'est en mou- " rant que vous fixerez ce que vous vaut la survie.

On conviendra peut-être facilement que pour succéder ès biens immeubles venus du côté du premourant, il étoit nécessaire que ces biens existassent encore, au temps utile de la jouissance, et pourquoi n'auroit-on pas pu exprimer cette existence qui ne dépendoit que des dispositions du prémourant? trouvera-t-on dans l'article aucun mot qui la fait dépendre du fait gracieux du survivant? (12) au contraire l'exception absolue de ces biens immeubles, de la clause AU DERNIER VIVANT TOUT, y est si distinctement insérée et stipulée, que les contractans la rappellent à la fin de l'article comme la clause et la raison pour laquelle les héritiers du predécédé sont appellés à la succession. C'est *puisque* cette clause et *condition n'opérera point sur ces immeubles* quoiqu'elle opérera sur tous *autres et ultérieurs biens* que ces héritiers légaux y succéderont c'est comme s'il eut été dit, *bien entendu cependant que puisque nous exceptons de la clause générale* AU DERNIER VIVANT TOUT *les*

---

(12) Dans ce cas même l'on pourroit soutenir avec fondement que la stipulation seroit radicalement nulle parcequ'il est de principe, *quod nulla promissio possit consistere quæ ex voluntate promittentis statum capet* L. 108 § 1 *ff. de verb. oblig. et quod stipulatio non valeat in rei promittentis arbitrium collata conditione* L. 17 *ff. eodem tit.*

T

biens immeubles tenant côté et ligne, le survivant n'en aura point le droit de pro- priété, et les héritiers du predécédé y succéderont, etc.

Il est indifférent que cette raison, cette clause pour laquelle ces héritiers suc‐ céderont, soit exprimée au commencement ou vers la fin de l'article, il est in‐ différent encore que cette clause y soit exprimée en termes directs, ou seule‐ ment par opposition à ceux à l'égard desquels la clause doit opérer un effet con‐ traire, par regle générale ou par exception, il n'est pas moins incontestable que les contractans déclarent leur volonté précise et *bien entendue*, d'appeller les héritiers légaux à la succession des immeubles venus du côté du premourant et dont il n'aura pas disposé lui même pendant le Mariage, en faisant à l'égard de ces biens *une exception à l'article precédent qui leur ravissoit tout.*

l'Expression même *qui pourront exister* au lieu d'être restrictive, comme les hé‐ ritiers *Dhont* voudroient soutenir, est faite au contraire pour donner une latitude très favorable, à la part que les héritiers du predécédé, doivent avoir à sa succession.

C'est-à-dire les héritiers du predécédé succederont *en tous* et tels biens immeubles délaissés et venus du côté du predécédé, et ces biens *comme* tels existeront à l'ex‐ tinction de l'usufruit du survivant au temps de sa mort. Pourquoi devroit‐on supposer dans leur intention l'idée d'une diminution s'il n'en est rien dit au texte, ils devoient nécessairement dire *qui existeroient* ou *qui pourront exister*, parceque leur quantité pouvoit éventuellement grossir ou diminuer durant leur union soit par succession à écheoir, des revers ou infortunes, fortuités et dispositions entre vifs.

Ce qui confirme encore davantage, que cette latitude étoit dans l'intention des contractans, sont les mots, *sans avoir droit à autre chose* ou *à quelqes chose de plus*, ceci démontre clairement, que les contractans supposent formellément que ces biens immeubles existeront encore à l'époque du décès des époux et que sans la disposition favorable pour le survivant, les héritiers du predécédé en lui succédant, auroient eu *d'autres droits* encore, soit aux meubles ou aux acquets faits durant le Mariage, car on ne peut supposer *ce surplus, ces autres choses*, sans supposer en même tems la préexistence de ces immeubles tenant côté et ligne, qu'on n'épuise jamais les premiers.

D'ailleurs quel sens différent peut on donner au mot *comme*, si ce n'est d'avoir vou‐ lu exprimer la qualité, la raison de l'existence future probable et obligatoire de ces biens; si telle n'avoit été l'intention des contractans, ils n'auroient pas souffert qu'il y auroit été ajouté et c'est ici que peut être reclamé le principe, *quod omne verbum quantumvis modicum debeat de aliquo operari.*

Ayant démontré par le texte litteral du pretendu contrat de Mariage, que la clause en question contient la stipulation de retour de tous les biens immeu‐ bles venus du côté de la predécédée dont elle n'auroit pas disposé de son vivant ou qui par cas fortuits ou autres évenemens facheux n'auroient pas été portés à non existence au temps de la mort du survivant, et que toute autre interprétation seroit non seulement contraire, à ce qui arrive communément, mais à tout ce qu'on pouvoit attendre du génie de la bonne *Isabelle Claesman*, et de l'affection naturelle qu'elle devoit avoir pour ses héritiers légaux, préférablement à la famille de son homme d'affaires, laquelle lui étoit peu connue; d'ailleurs que le sistême, que *Charles Dhont* auroit pu distraher et changer le tout à son profit privatif, est de toute absurdité, nous pourrions encore appuyer ces assertions fondées sur des puissans motifs, par d'autres moyens puisés dans nos loix indigènes et coutumes (13).

____

(13) Le jurisconsulte *Dhoop* s'étant également expliqué et ayant donné son avis sur diffé-

ÉPILOGUE.

SI malgré tous les argumens solides renfermés dans les consultations qui precédent il pourroit encore, contre toute attente, rester le moindre doute ou ambiguité sur le vrai sens et l'esprit de la stipulation du prétendu contrat de Mariage, cette ambiguité devroit tourner et s'interpreter contre celui qui à stipulé en sa faveur et à la décharge des héritiers du sang de l'autre partie; la loi 38, § 18 ff. est claire sur ce point : *cum quæritur in stipulatione quid actum sit ambiguitas contra stipulatorem est.*

Or, *Charles Dhont* qui a stipulé en sa faveur la donation des biens d'*Isabelle Claesman*, en cas de survie, doit être regardé ici comme le seul véritable *Stipulateur*; car quoique les termes de son pretendu contrat de Mariage annoncent des stipulations réciproques, cependant *Charles Dhont* étant alors notoïrement sans fortune, tandis qu'*Isabelle Claesman* étoit une des plus riches héritières de la Flandre, tous les avantages de cette donation mutuelle en apparence étoient exclusivement de son côté; donc si cette stipulation de donation pouvoit renfermer une clause ambigue, cette ambiguité devroit toujours être interprétée contre *Charles Dhont.*

D'ailleurs il est une maxime établie par nos anciennes coutumes de Flandre et confirmées par la nouvelle législation ; d'après cette maxime toute succession *ab intestat* est favorable et toute disposition tendante à depouiller les héritiers du sang est odieuse et de stricte interprétation, sur tout si, comme dans le cas présent, plusieurs parmi ces héritiers se trouvent dans l'indigence, en conséquence toute reserve d'une partie de la succession légitime doit être favorablement reçue et interpretée *lato sensu;* de sorte que dans le doute il faille toujours rapprocher l'esprit des stipulations qui concernent les héritiers légaux à celui de la nature et de la loi qui parlent en faveur des héritiers du sang; aussi voyons-nous que nos anciennes coutumes ainsi que nôtre nouvelle legislation affectent les successions legitimes en faveur des héritiers du sang et en font une espece de fideicommis legaux; tel est notre droit commun et statutaire; or, d'après nos meilleurs auteurs de pratique, les dispositions qui y dérogent doivent toujours être interpretées de maniere qu'elles s'en éloignent le moins possible. *Voet* ad ff. lib. 32. tit. 4 n° 74. en parlant nommément des dispositions matrimoniales, dit: *talem denique pacta dotalitia videntur recipere oportere interpretationem ut quam minimé a jure statutario per ea recefsum intelligatur ac comprehensa iis liberalitas restringatur et sic strictam recipiunt interpretationem :* l'on peut encore consulter sur cette matière *Deghewiet* part. 2 tit. 5 art. 14 et sur tout le célèbre *Stockmans decis. 27 per totum.*

Enfin tout lecteur impartial et éclairé sentira, que l'équité vient ici à l'appui des principes et qu'elle suffiroit seule pour trancher toute difficulté à l'égard de l'interprétation que nous examinons, si toute fois elle en étoit encore susceptible, mais les héritiers *Claesman* se flattent, que déjà l'ensemble des argumens renfermés dans les Consultations, qui font l'objet de ce premier volume, est plus que suffisant pour ne plus laisser rien à désirer sur ce point.

---

rens autres points et questions concernant la succession d'*Isabelle Claesman*, nommément sur la forme du pretendu contrat de Mariage, cette autre partie de ses consultations et celles des autres jurisconsultes fera l'objet du second tome de cet ouvrage.

PIÈCES RÉCLAMÉES
DANS CE TOME PREMIER.

Copie de l'acte de Fiançailles entre Charles Dhont et Isabelle Claesman.

EXTRAIT DES REGISTRES DES MARIAGES de la ci-devant Paroisse de Notre-Dame à Bruges, où l'on trouve sous la date du 28 Juin 1760, ce qui suit:

» 28 *Juny 1760* (14) *contraxerunt sponsalia* . . . Carolus » Joannes Dhont *et* . . . Isabella Albertina Maria Jacoba » Claesman, *ambo Parochiani B. M. V. Brugis, coram* » *me infrascripto Pastore et Testibus* . . . Gisberto Fran-» cisco Boedingen, *Canonico ejusdem Ecclesiæ, et* . . . . » Carolo Fourbisseur. *Étoit signé*, J. A. De Vloo, » *Pastor B. M. V.* »

Pour copie conforme à l'original délivré au quatrieme bureau du canton de Bruges, après avoir omis les mots contraires au régime Républicain, ce 1 Frimaire an 7 de la République française. Par moi administrateur faisant la fonction d'officier de l'État civil. Signé J. F. Le Doux, Off. public.

TESTAMENT OLOGRAPHE *d'Isabelle Claesman Epouse de Charles Dhont, du 7 Novembre 1762.*

ICK ISABELLE *Filia* M'her Albert Claesman, *in syn leven* Baron van Maele, Héere van Vyve etc. *gheprocreert by vrauw* Isabelle-Josepha Trappequiers, *geselnede van* M'her Charles Dhont, *wat onpasselyk van lichaem, hebbende myn volle verstand ende memorie, considererende van 's menschens weghe dat'er niet sekerder en is als de doodt, ende niet onsekerder als de uere der zelve, zoo en hebbe ick niet willen scheyden uyt dese weirelt, zonder alvooren gemaeckt te hebben myn Testament ende uyttersten wille, zoo is't dat ick by desen begeire by forme van Testament ende uyttersten wille t'mynder overlyden volbraght te hebben alle het gone naervolgende.*

I. Eerst ende alvooren, zoo haest als myne ziele zal ghescheyden zyn uyt myn sterfvelyk lichaem, recommandere de zelve in de genaede ende bermhertigheyd Godts,

---

(14) Observez que cette date coincide parfaitement avec celle du prétendu contrat de Mariage, sans qu'il conste quel de ces deux actes ait précédé l'autre, voiez ce qui est dit à ce sujet dans la refutation qui précéde.

mynen Heere ende Schepper, biddende dat hy door de intercessie van de heylige moeder ende maget Maria, de heylighe Isabella myne patronesse, den heylighen enghel mynen bewaerder ende alle Gods lieve heylighen, hem biddende myne ziele in ghenaede te willen ontfanghen, ghevende myn lichaem aen de wormen der aerde.

II. Voorts is myne begeerte, begraeven te wezen in de prochie kerke van Onze Lieve Vrauwe binnen Brugghe, in de cappelle van St Drion, 's avonts ghesoncken, daer naer zoo haest doenelyk den vollen ende hooghsten dienst, den vollen disch ghedeckt met brooden van schellinghen, zonder waepenen aen 't lyck, noch aen flambeewen, nochte aen de keersen, noghte geen blasoen boven de deure.

III. Ordonnerende voort dat terstond naer myn overlyden, ende zoo haest als het sal connen gheschieden, tot lavenisse van myne ziele ghecelebreert zullen worden in diversche kercken ende kloosters ter dispositie van mynen man, executeur van myn jegenwoordigh Testament tot de nomber van seven hondert missen van requiem, ende daer en boven ses weken ghedeurende eene daeghelycxsche misse in de voorseyde cappelle van sint Drion sonder meer.

IV. Voorts soo begeire ick ghemaeckt te hebben een silvere cruysse zeer licht ghemaeckt, het gonne sal ghegheven worden in danckbaerheyd aen Onze Lieve Vrauwe van Lombaerzyde, ende t'haerder eere zal ommeghedraeghen worden t'elcker processie ende lycken, ter discretie van mynen man.

V. Voorts moet'er ghedaen worden een bedevaerd naer Onze Lieve Vrauwe van Daedizeele tusschen Rousselaere ende Meenen, alwaer zal ghedaen worden eenighe missen, ende eenigh wasch-licht aldaer doende branden, ter discretie als vooren.

Aen Onze Lieve Vrauwe van de Potterye in Brugghe zal ghegheven worden t'haerder eere een blauw kleed van zilvere moore.

VI. Voorts zal ghegheven worden aen Onze Lieve Vrauwe van het Boomken, een paer zilvere kandelaers, effen gemaekt met geene boorden, zonder dryf-werck, door Ryelant, zilver-smit

VII. Recommanderende voorts, te vraeghen aen suster Marie Moniers, in het clooster van Sarepten of'er geene erfgenaemen en zyn van Jan Moniers, aen de welcke moet gegeven worden twee jaeren neglisentie van vier schellinghen te maende, waer mede ik van myn groot-vader belast was, en in cas dat'er geene en exteren, zullen de zelve ter dispositie van mynen man ghedistribueert worden aen den armen.

VIII. Voorts is mynen uyttersten wille ende begeirte dat aen mynen swaeger Franciscus-Joseph Dhont, voor zyne goede diensten ende liefde aen my bethoont, naer het overlyden soo van my, als mynen man, zal volgen zonder teghenzegh het huys staende in de Corte-wynckel, genaemt de Groene-poorte.

IX. Voorts jonne ick nogh aen den selven al het goet immeubel dat staet op de prochie van Ruddervoorde, ende alle de catheylen alsdan daer op te bevinden, ende by zyn overlyden aen syne hoirs ende naercommers, zoo oock ten aensien van het huys in de Corte-wynckel, op de conditien als vooren.

X. Voorts zoo begeire ik dat mynen man in geene deelen ter causen van dit myn Testament zal worden beswaert, ende dat het total import van diere, naer zyne dood zal worden verhaelt uyt myne zyde-houdende goederen, de welcke alsdan nog zullen in wezen bevonden worden.

XI. Versoekende voorts dat mynen man saude willen gheven aen pater Hubertus Mertens, recollet tot concurrentie van dry ponden grooten wisselgeld voor syne noodzaeklykheyd.

XII. Voorts twee dobbel souverains aen den priester ofte pater die my zal uytlichten.

XIII. *Voorts jonne aen den koetzier Albertus van Herreweghe, een huyseken ter weerde van een honderd ponden grooten courant, ofte de weerde van diere, ter oetie van mynen man.*

XIV. *Voorts moet'er ghevraeght worden aen Joanne vande Wynkel, hoe langh dat het wel is, dat ik haer geen vier schellinghen te maende ghegheven en hebbe, ende ingevolghe van dien de betaelinge aen haer te doen.*

XV. *Voorts ordonnere gefondeert te worden in de kercke van Sint Donaes deser stad, immers in de cappelle van het aderheylighste Sacrament eene eeuwige daeghelycksche misse, te celebreren in de zelve cappelle ter eeren van Onze Lieve Vrauwe van Montserrat, ter uere als mynen man zal ordonneren, ende tsynder dispositie, dit tot laevenisse van myne ziele, ende de zelve fondatie te bezetten ende affecteren op het huys in de Sint Jacobs-straete, ofte andere suffisante hypoteque, ten minsten penninck doenelyk, ten welcken effecte ik wille en ordonnere dat haer toe van haere majesteyt sal versoght worden het noodigh octroy van amortisatie.*

XVI. *Versoeckende mynen man van in alle het gonne voorseyd te willen consenteren, ende my voor zoo veele nood zaude mogen zyn, tot alle het gone voorzeyd, te autoriseren.*

XVII. *Doodende hier mede alle voorgaende Testamenten ende codicillen, die ick saude moghen hebben ghemaeckt, willende dat dit alleene naer myn overlyden zal worden volbraght.*

XVIII. *Verklaerende den voormelden M'her Charles Dhont, met d'onderteeckeninge deser, voor zoo veele noot, ten effecte voorschreven, te autoriseren de voormelde syne vrauw geselnede. Actum in Brugghe, den zevensten November 1700 twee-en-tzestigh; waren onderteeckend,* J. DHONT, née CLAESMAN, *en* C. DHONT de NIEUW-BURGH : *my present, onderteeckend,* B. BOONE, Nots.

TRADUCTION.

JE ISABELLE fille de Messire *Albert Claesman*, en son vivant *Baron de Maele, Seigneur de Vyve etc.*, procreée de Dame *Isabelle-Josephe Trappequiers*, Épouse de Messire *Charles Dhont*, maladive, possédant mon plein intellect et mémoire, considérant de la part de l'homme, que rien n'est plus certain que la mort, et rien plus incertain que l'heure d'icelle, ainsi je n'ai voulu sortir de ce monde, sans avoir fait préalablement mon Testament et dernière volonté, si est-il que je veux par ce en forme de Testament et dernière volonté avoir exécuté tout ce qui suit.

I. D'abord et en premier lieu, aussi-tôt que mon ame sera separée de mon corps mortel, je la recommande à la clémence et miséricorde de Dieu, mon Seigneur et Créateur, priant que par l'intercession de la sainte Mère et Vierge Marie, la sainte Isabelle ma patrone, le saint ange mon gardien et tous les saints chéris de Dieu, le suppliant de recevoir mon ame en miséricorde, donnant mon corps aux vers de la terre.

II. Item j'exige d'être enterrée le soir dans l'église paroissiale de Notre Dame à Bruges, en la chapelle de saint Drion, ensuite le plutôt possible le service le plus solemnel, la table des pauvres couverte des pains de la valeur d'un escalin chaque, sans armoires au cercueil, ni aux flambeaux, ni au-dessus de la porte.

III. Ordonnant de plus, que d'abord après ma mort le plutôt possible, on celébrera dans diverses églises et couvents pour le répos de mon ame sept cents messes de requiem, à la disposition de mon mari EXÉCUTEUR DE MON PRÉSENT TESTAMENT, et en outre une messe journallière pendant six semaines dans la susdite chapelle de saint Drion sans plus.

IV. Item je veux que l'on fasse une croix légère d'argent, laquelle sera donnée en reconnoissance à Notre Dame de Lombarsyde, et portée à son honneur aux processions et funerailles à la discrétion de mon époux.

V. Item devra être faite un pélérinage vers Notre Dame de Dadizeele, entre Roulers et Menin, où l'on celébrera quelques messes, et y fera bruler quelques cierges, à la discrétion comme dessus.

A Notre Dame de la Poterie à Bruges, sera donnée à son honneur une Robe bleue de drap de more d'argent.

VI. Item sera donnée à Notre Dame dite *van't Boomken*, une paire de chandelliers d'argent unis, sans bords ni reliefs, faits par Rielandt, orfevre.

VII. Recommandant de plus, de demander à la sœur *Marie Moniers*, dans le couvent de Sarepten, s'il n'existe point d'héritiers de *Jean Moniers*, auxquels doit être donnée deux années d'omission de quatre escalins par mois, dont j'étois chargée par mon aïeul, et en cas qu'aucun n'existe, cette distribution se fera aux pauvres à la disposition de mon mari.

VIII. Item porte ma dernière volonté, qu'après ma mort et celle de mon mari, suivra sans contredit à mon beau-frère *François-Joseph Dhondt*, pour ses bons services et amitié qu'il m'a témoigné, la maison située dans la rue dite *Corte-wynckel*, nommée la Porte verte.

IX. De plus je donne encore au même, tous le bien immeuble situé en la paroisse de Ruddervoorde, et tous les cattiex alors à y trouver, et après son décès à ses héritiers et successeurs, comme aussi à l'égard de la maison dans la rue dite *Corte-wynckel*, sous les conditions comme ci-dessus.

X. DE PLUS MA VOLONTÉ EST, QUE MON MARI NE SOIT AUCUNEMENT GREVÉ PAR MON PRÉSENT TESTAMENT, ET QUE L'IMPORT TOTAL D'ICELUI APRÈS SA MORT SERA RECOUVRÉ SUR MES BIENS TENANT CÔTÉ ET LIGNE, QUI SE TROUVERONT ALORS ENCORE EN EXISTENCE.

XI. Requérant de plus que mon mari voudroit donner au religieux *Hubert Mertens*, recollet, pour son nécessaire, à concurence de trois livres de gros de change.

XII. En outre deux doubles souverains au prêtre ou religieux qui m'assistera à mon agonie.

XIII. Je donne de plus à mon cocher *Albert van Herreweghe*, une petite maison de la valeur de cent livres de gros courant, ou la valeur d'icelle, au choix de mon mari.

XIV. De plus il doit être demandé à *Jeanne vande Wynkel*, depuis quand je ne lui ai point donné quatre escalins par mois, et lui en être fait le payement en conséquence.

XV. J'ordonne en outre qu'il soit fondé dans l'église de St. Donas de cette ville, j'entend dans la chapelle du très saint Sacrement, une messe journalière à perpétuité, à celébrer dans cette chappelle à l'honneur de Notre Dame de Montserrat, à l'heure qui sera ordonnée par mon mari et à sa disposition, ce pour le repos de mon ame, et d'affecter cette fondation sur la maison dans la rue de saint Jacques, ou sur d'autre hypotheque suffisante, au moindre denier possible, à quel effet je veux et ordonne qu'il soit demandé de sa Majesté l'octroi nécessaire.

XVI. Requérant mon mari de vouloir consentir en tout le susdit et de me vouloir à ce authoriser pour autant que de besoin.

XVII. Anéantissant moyenant ce, tout Testament et codicile antérieur que je pourrois avoir fait, voulant que celui-ci seul après mon décès sera accompli.

XVIII. Déclarant le susdit Messire *Charles Dhont*, par sa signature du présent, pour autant que de besoin d'authoriser sadite épouse. Fait à Bruges le sept Novembre 1700 soixante-deux; étoint signés, *J. DHONT, née CLAESMAN*, et *C. DHONT de NIEUWBURGH*: moi présent, signé, *B. BOONE, Nots.* (15)

JUGEMENT

Du ci-devant Conseil Provincial de Flandre, qui condamne *Charles Dhont*, à exhiber un ETAT PERTINENT des biens délaissés par *Isabelle Claesman* son épouse, en date du 3 Juin 1775.

G Esien 't proces hangende in't advys van den Hove tusschen Jonckers Jacques *en* Jan-Bernard van Zuylen van Nyevelt, *met consorten heerschers by requeste van den 19 February 1773 ter eendere zyde,* M^rher Charles Dhont de Nieuwburgh *tot Brugge, verweerdere ter andere.*

T'hof uyttende zyn advys ordonneert den verweerdere binnen den tydt van drye maenden aen de heerschers over te geven pertinenten staet van goede ten sterf-huyze van vrauwe Isabelle Claesman, *s' Verweerders overledene geselnede, ende condemneert hem in alle schaeden en intreesten by d'hoirs door zyn refus geleden ende te lyden, ende in d'helft van de costen van den processe ter tauxatie van den Hove, compenserende de wederhelft uyt causen, de gone van den debatte daer onder begrepen. Onder stond fiat ende prononcé den 3 Jury 1775.*

---

(15) Voici l'argument qui découle naturellement de ce Testament; il est de principe que toute disposition de dernière volonté est à charge de l'héritier du testateur, à moins qu'un autre que l'héritier n'en soit expressement grevé, la disposition du droit écrit ne laisse aucun doute sur ce point, dont si *Charles Dhont*, eut été l'héritier universel de son épouse institué par elle dans son contrat de Mariage, les legs ordonnés par *Isabelle Claesman*, n'eussent pu être à charge d'un autre que lui; Cependant *Isabelle Claesman*, nomme son mari l'exécuteur de son Testament, et elle veut qu'il ne soit aucunement grevé par ce Testament, il est donc évident que la testatrice entendoit, malgré son contrat de Mariage avoir encore des *héritiers autres* que son mari qu'elle vouloit charger de la délivrance des legs ordonnés par son Testament; or, ces héritiers ne pouvoient être autres que ses héritiers légitimes, à qui elle avoit reservé par son contrat de Mariage un droit de succession sur ses immeubles, et il eut été ridicule de nommer son mari exécuteur testamentaire s'il eût été l'héritier universel de son épouse, tout héritier étant naturellement chargé de l'exécution de la volonté de son auteur. Il ne pouvoit donc être nommé exécuteur testamentaire que pour assurer l'exécution des legs contre les *héritiers immobiliers*, qui en étoient exclusivement chargés par le testament.

Et puisque ce Testament, signé par *Isabelle Claesman* et *Charles Dhont*, présente un acte passé entre les mêmes personnes qui ont été parties dans le contrat de Mariage en question, ce Testament devroit sans doute servir à l'interprétation du dernier article de ce contrat, si toute fois celui-ci pouvoit laisser le moindre doute,

Et qu'on ne dise pas qu'il résulte seulement de ce Testament que *Charles Dhont* en se chargeant de son exécution étoit uniquement obligé de bonifier les legs, sans devoir pour cela laisser suivre des immeubles de sa femme à ses héritiers naturels; car alors *Charles Dhont* étant *grevé* de la prestation des legs contre la déclaration énoncée par la testatrice, dans l'art. 10 de son Testament, eût été *grevé* contre la volonté de la testatrice, qui ne vouloit charger que ses héritiers naturels, et qui par cela seul donnoit à connoître qu'elle entendroit laisser à sa mort des héritiers légitimes, qui, au décès de son mari, eussent partagé et profité sa succession immobilière, conformément à son contrat de Mariage.

TRADUCTION.

VU le Procès tenu en avis de la cour entre *Jacques* et *Jean-Bernard van Zuylen de Nyevelt*, Écuiers et consors, demandeurs par requête du 19 Fevrier 1773 d'une part, Messire *Charles Dhont de Nieuwbourg*, à Bruges, défendeur d'autre part.

La cour déclarant son avis, ordonne au défendeur de produire aux demandeurs endéans les trois mois, *état pertinent des biens* à la mortuaire de Dame *Isabelle Claesman*, défunte épouse du défendeur, et le condamne dans tous les dommages et intérêts soufferts et à souffrir par les demandeurs à cause de son réfus, ainsi que dans la moitié des frais du procès au taux de la Cour, compensant l'autre moitié pour causes, y compris ceux du débat. Plus bas étoit, fait et prononcé le 3 Juin 1775.

ARRÊT CONFIRMATIF
Du ci-devant grand Conseil de MALINES.

VU au grand Conseil de l'Impératrice Douairiere et Reine, le procès entre Messire *Charles Dhont de Nieuwbourg*, Chevalier, appellant de la sentence de ceux du Conseil en Flandre du 3 Juin 1775, ayant requis l'enterinement de la clause de requête civile inserée aux exploits sous bénéfice de laquelle il a servi écrit de griefs débattu par partie, d'une part; *Jacques* et *Jean-Bernard van Zuylen de Nyevelt*; *Jean-Baptist* et *Albert Coppieters*, Écuiers; Messire *Jean Peellaert*, Chevalier, comme mari et bail de Dame *Thérèse Coppieters*, et Demoiselles *Catherine-Marie* et *Jeanne Coppieters*, intimés d'autre; l'Impératrice Douairiere et Reine rejette ladite clause de requête civile, et faisant droit, déclare que l'appellant a appellé sans griefs, sortirera à tant la sentence, dont est appellé son effet, l'appellant néanmoins entier de soutenir, qu'il ne doit porter dans l'état dont question, que les biens immeubles délaissés par sa première épouse, s'il croit y être fondé; le condamne à l'amende de frivol appel, en celle de la clause de requête civile et aux dépens du Procès au taux de la Cour. Prononcé à Malines le 7 Novembre 1778. Étoit signé, *DUTRIEU, avec paraphe*, (16).

---

(16) Ces deux jugemens prouvent à évidence que le juge *a quo* et le juge *ad quem* ont décidé, que non-obstant le pretendu contrat de Mariage exhibé au procès, il étoit acquis aux héritiers légaux d'*Isabelle Claesman*, un droit quelconque de succession *ab intestat*, au moins sur les immeubles délaissés par leur auteur; qu'ainsi il existoit dans la mortuaire de la défunte, des *héritiers autres* que *Charles Dhont*; car il est de principe que, de nos mœurs, l'action pour *confection* d'état de biens ne compète qu'à des *héritiers* ou légataires d'une *quote héréditaire*; d'ailleurs, l'action *ad exhibendum* n'a lieu, de droit, que *propter actionem quam quis habet vel habiturus est re exhibitâ*, L. 3. § 9. et 11. *ff. ad exhibendum*. Ainsi le juge ayant décidé qu'il compétoit aux héritiers *Claesman* à charge de *Charles Dhont* une action *ad exhibendum* l'inventaire des biens de la mortuaire de sa femme, il a en même tems jugé que, dès lors, les héritiers *Claesman* avoient un droit quelconque de succession dans la mortuaire de la défunte. En effet, si, comme pretendent les héritiers *Dhont*, ceux d'*Isabelle Claesman* n'ont droit qu'aux seuls immeubles de leur auteur que *Charles Dhont* a bien voulu ne pas dénaturer, il ne leur eût pas compété *dès lors* une action pour confection d'état des biens à charge de *Charles Dhont* même, mais ils auroient seulement *à présent* le droit de faire produire, par les héritiers *Dhont*, un inventaire des biens immeubles d'*Isabelle Claesman*, que *Charles Dhont* auroit eu LA GÉNÉROSITÉ de laisser intacts.

X

EXTRAITS

Des traductions du pretendu contrat de Mariage entre *Charles Dhont* et *Isabelle Claesman*, faites par les traducteurs jurés près les Différens Tribunaux de GAND et de BRUXELLES.

» *Wel verstaende nochtans dat naer den overlyden van den langst levenden van*
» *hun beede de hoirs van den eerst overleden, zullen mogen deelen en profiteren de*
» *immeubele goederen de welcke ten tyde van het overlyden van de tweede overleden*
» *als gekomen van de zyde van d'eerste overleden nogh souden exteeren en mogen in*
» *wesen syn, sonder tot yets anders ofte voorders te konnen gereght wesen, mits de con-*
» *ditie van langst leeft al, buyten de immeubele goederen als dan in wesen van d'eer-*
» *ste overleden te bevinden, in het regard van alle andere ende voordere goederen*
» *sal moeten zyn effect en uytwerkinge hebben. Aldus gedaen ende gepasseert, etc.*

TRANSLAT des traducteurs et interprète sermentés près du Tribunal de GAND, *Jean Cous-sement*, et *Rombout*, père.

» Bien entendu néanmoins qu'après le décès du survivant d'eux deux les héri-
» tiers du predécédé pourront partager et profiter les biens immeubles, qui com-
» me provenant du côté du predécédé, existeront encore à l'époque de la mort
» du second décédé, sans pouvoir pretendre chose autre ou ultérieure, attendu
» que la condition au survivant le tout, à l'exception des biens immeubles
» du predécédé qui existeront alors, devra avoir son effet et exécution à l'égard
» de tous les biens autres et ultérieurs. Fait et passé, etc. »

» *Traduit du flamand en français, et y trouvé conforme, sauf les*
» *titres honorifiques proscrits par la loi, dont le présent est épuré*
» *par nous soussignés traducteurs jurés du tribunal de première*
» *instance du premier arrondissement de l'Escaut, séant à Gand,*
» *ce 4 Brumaire an onze de la République française. Signé,*
» *JEAN COUSSEMENT, traducteur juré, et ROMBOUT,*
» *père, traducteur et interprète sermenté.* »

TRANSLAT de *N. J. Bortonne*, traducteur légal près des Tribunaux de première Instance et d'Appel, à BRUXELLES.

» Bien entendu cependant qu'après le décès du survivant d'eux deux, les hé-
» ritiers du premourant pourront partager et profiter les biens immeubles, qui au
» tems de la mort du second décédé, comme venus du côté du predécédé pour-
» roient encore exister, sans pouvoir avoir droit à quelque chose d'autre ou de

» plus, puisque la condition d'au survivant le tout, hormis les biens im-
» meubles du predécédé à trouver alors existans, devra à l'égard de tous autres et
» ulterieurs biens avoir son effet et exécution.   Ainsi fait et passé, etc. »

" *Pour traduction conforme à la pièce flamande qui precéde. Si-*
» *gné, N. J. VAN BORTONNE, traducteur légal.* »

Autre TRANSLAT des traducteurs légaux près les Tribunaux de première Instance et d'Appel, à BRUXELLES.

» Bien entendu cependant, qu'après le décès du survivant d'eux deux, les
» héritiers du premourant pourront partager et profiter les biens immeubles, qui
» au tems de la mort du second décédé, comme venus du côté du predécédé,
» pourroient encore exister et être en existence, sans pouvoir avoir droit à quel-
» que chose d'autre ou de plus, puisque la condition d'au survivant le tout,
» hormis les biens immeubles du predécédé à trouver alors en existence, devra
» à l'égard de tous autres et ultérieurs biens avoir son effet et exécution. Ainsi
» fait et passé etc. »

» *Traduit du flamand en français par nous traducteurs jurés,*
» *Bruxelles, ce 15 Frimaire an onze. Signé, GOTMAN,*
» *traducteur juré; BONDROIT, traducteur légal; BENZ,*
» *traducteur légal; et plus bas se trouve : pour traduction fi-*
» *dèle et conforme à la copie flamande ci contre-signée à cha-*
» *que page par le soussigné. Signé, D. RYSACK, traduc-*
» *teur légal.* »

Fin du Tome premier.

SI QUAS INVENIAS HIC MENDAS, CANDIDE LECTOR,
EMENDA, ET MENDIS DISCE CAVÉRE TUIS.